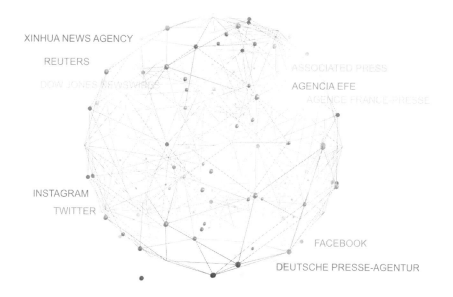

XINHUA NEWS AGENCY

REUTERS

DOW JONES NEWSWIRES

ASSOCIATED PRESS

AGENCIA EFE

AGENCE FRANCE-PRESSE

INSTAGRAM

TWITTER

FACEBOOK

DEUTSCHE PRESSE-AGENTUR

资讯重塑

世界性通讯社数字化转型研究

—————— 王润珏　著 ——————

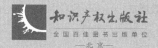

知识产权出版社
全国百佳图书出版单位
—北京—

图书在版编目（CIP）数据

资讯重塑：世界性通讯社数字化转型研究 / 王润珏著. -- 北京：知识产权出版社，2020.12

ISBN 978-7-5130-7212-0

Ⅰ.①资… Ⅱ.①王… Ⅲ.①数字技术—应用—通讯社—新闻工作—研究

Ⅳ.① G211-39

中国版本图书馆 CIP 数据核字（2020）第 241889 号

内容提要

数字化时代，对世界性通讯社的研究和讨论仍然是把握信息生产消费逻辑、理解全球信息传播格局、探索信息治理路径时不可忽视的重要内容。本书以案例研究的方式对具有代表性的世界性通讯社数字化转型和探索的历程、路径及其发展现状进行全面的梳理分析，描摹和解读世界性通讯社作为一种媒介组织，如何在过去 30 余年全球资讯市场和信息传播规律发生剧烈变化的过程中，逐步实现从自我定位、组织结构、运行方式到产品体系、经营模式、发展策略的一系列调适与创新，以期为进一步把握世界性通讯社价值流动规律和未来发展走向奠定基础，亦为其他媒介组织的数字化探索提供参考。

责任编辑：李石华　　　　　　　　　　责任印制：孙婷婷

资讯重塑——世界性通讯社数字化转型研究
ZIXUN CHONGSU——SHIJIEXING TONGXUNSHE SHUZIHUA ZHUANXING YANJIU

王润珏　著

出版发行：**知识产权出版社**有限责任公司	网　址：http://www.ipph.cn
电　话：010-82004826	http://www.laichushu.com
社　址：北京市海淀区气象路50号院	邮　编：100081
责编电话：010-82000860转8072	责编邮箱：lishihua@cnipr.com
发行电话：010-82000860转8101	发行传真：010-82000893
印　刷：北京中献拓方科技发展有限公司	经　销：各大网上书店、新华书店及相关书店
开　本：720mm×1000mm　1/16	印　张：17
版　次：2020年12月第1版	印　次：2020年12月第1次印刷
字　数：240千字	定　价：65.00元

ISBN 978-7-5130-7212-0

前　言

通讯社诞生于 19 世纪，以面向媒体和机构的新闻批发（wholesale）为主营业务。1870 年，法国的哈瓦斯社、德国的沃尔夫社、英国的路透社、美国的联合通讯社通过签订《通讯社条约》(*Agency Treaties*) 形成垄断世界信息流通权力的连环同盟。正因如此，在 20 世纪 60 年代兴起的建立世界信息与传播新秩序的运动中，广泛建立国家通讯社、区域通讯社和世界性通讯社被视为新兴国家突破西方发达资本主义国家信息霸权和文化统治的必要措施。此时的通讯社是政界、业界和学界共同关注的焦点。

这一景象随着数字化时代的来临而迅速改变。20 世纪八九十年代，传媒业在日新月异的信息技术和相对宽松的制度环境的共同推动下开启了近半个世纪的宏大变迁。一方面，在以英、美为代表的发达国家"放松管制"政策导向下，以产权交易为主导的跨领域、跨地域的兼并收购造就了时代华纳、迪士尼、新闻集团等一大批超大型跨国传媒集团。它们凭借强大资本的力量，深度嵌入不同国家和地区传媒业运行的各个环节，成为全球传媒业信息流动、产品流通、资源配置的主导力量。另一方面，信息技术不断改善传播手段、创新传播模式、重塑传播逻辑。借助卫星传输、互联网、移动互联网等传播技术，越来越多的媒体机构具备了全球范围内的信息采集、分发和传播能力。更重要的是，数字化时代孕育出了谷歌（Google）、脸书（Facebook）、推特（Twitter）等一大批新兴企业。它们诞生于互联网行业，却成为改变世界传播格局与态势的革命性力量，也深刻地改变了公众的媒介使用习惯和信息消费习惯。

在此背景下，原本由少数几家世界性通讯社所形成的对国际信息生产流动的垄断格局被彻底打破。与此同时，以法新社、路透社为代表的世界性通讯社先后因其"新闻批发"业务最主要的客户群体——报业的整体衰落而出现不同程度的收入下降，甚至是连续亏损。它们在数字化大幕开启之时显得步履蹒跚、自顾不暇。超大型传媒集团、超大型社交媒体平台则因构成了对信息生产、传播的重新垄断而成为全球关注的焦点。基于上述变化，在有关世界信息与传播新秩序的讨论中形成的通讯社研究的阶段性繁荣也随着数字化引发的信息秩序重构等一系列新问题的凸显而逐渐落幕，为数不多的研究主要围绕具体通讯社的报道框架、报道技巧或文本内容的分析展开。世界性通讯社也由此逐渐淡出人们的视野，"三社四边"成为它们在世界传播体系发展进程中留下的"昔日辉煌"。

然而，近几年来，不同国家学者的研究却同时揭示了一个不容忽视的事实，即传媒业的数字化进程不仅没有削弱世界性通讯社对全球信息生产传播的影响力，而且包括新闻媒体、社交平台、政府机构甚至是普通公众在内的不同主体正在信息供给、新闻数据库、智能化新闻生产平台、虚假新闻治理等方面衍生出对世界性通讯社更多维度的直接或间接依赖。例如，帕特森通过对 2001—2006 年间几乎所有英语新闻网站的内容进行统计分析，有力地证明了几乎所有在线用户获得的国际新闻资讯都来源于两家世界性通讯社——美联社和路透社。❶ 艾莉亚的研究揭示了印度的英文报纸对世界性通讯社过度依赖的现象。❷ 布曼等人对荷兰主要印刷媒体和新闻在线服务网站的研究表明，荷兰新闻界对通讯社的依赖程度高达 75%，其中在线新闻服务更是几乎不加改动地复制。❸ 在巴西，美联社和路透社也是广播电视机构的主要新闻来源，已经成为该国广播电视行业中看不见的巨人（invisible giants in broadcast journalism）。❹ 世界性通讯社也是全球最大的社交媒体平台脸书第三方事实核查程序的主要合作者，其中法新社与脸书的合作范围覆盖了 47 个国家和地区。

　　这就意味着，在数字化时代，对世界性通讯社的研究和讨论仍然是把握信息生产消费逻辑、理解全球信息传播格局、探索信息治理路径时不可忽视的重要内容。本研究尝试以案例研究的方式对代表性的世界性通讯社数字化转型和探索的历程、路径及其发展现状进行全面的梳理分析，描摹和解读世界性通讯社作为一种媒介组织，如何在过去 30 余年全球资讯市场和信息传播规律发生剧烈变化的过程中，逐步实现从自我定位、组织结构、运行方式到产品体系、经营模式、发展策略的一系列调适与创新。

　　研究发现，尽管世界性通讯社在机构属性、经营状况等方面存在差异，但由于核心业务的单一性和核心竞争力的相似性，它们都不约而同地选择了以

❶　Paterson C. International news on the internet：Why more is less[J]. Ethical Space：The International Journal of Communication Ethics，2007，4（1）：57-66.

❷　Arya K. The Over-dependence of Indian English Newspapers on Global News Agencies for International News [D]. Leeds：The University of Leeds，2011.

❸　Boumans J，Trilling D，Vliegenthart R，et al. The agency makes the（online）news world go round：The impact of news agency content on print and online news[J]. International Journal of Communication，2018（12）：22.

❹　Esperidião M C. Invisible Giants in Broadcast Journalism：News agencies and the global news ecosystem[J]. Brazilian journalism research，2011，7（1）：104-127.

"资讯价值最大化"为逻辑起点的数字化发展战略。这就使得世界性通讯社的数字化转型路径必然与拥有多元化业务、以广告为主要资源补偿方式的传媒集团或其他媒体机构形成差异。总体来看，世界性通讯社的数字探索主要围绕资讯生产机制的重塑展开，涉及资讯生产、编辑、分发、存储，资讯服务的多样化以及资讯价值的延展和再开发。为匹配数字化资讯生产机制运行的需要，世界性通讯社还对办公空间、分支机构体系、内部组织结构、人员岗位设置、对外合作关系等进行了多维度的调整。

正是在这种高度聚焦的数字化转型过程中，世界性通讯社形成了机构内部的数字化新闻采编操作规范；建设了功能强大的数字化信息采集、编辑、分发平台；将数据挖掘、人工智能等新兴技术引入新闻写作、新闻播报、资讯存储；通过专业人员和智能终端、传感器等技术的结合构建了分布广泛的信息采集网络；实现了资讯生产模式和资讯价值实现路径的重塑。世界性通讯社在拓展业务范围和收入来源的同时，也进一步夯实了数字化时代的资讯生产和服务能力。从全球信息生产流通的整体格局来看，世界性通讯社所打造的数字化平台、工具、数据库和网络体系正在成为资讯行业的基础设施，对其他媒体和机构的新闻生产机制变革产生强大辐射效应，成为世界性通讯社全球影响力形成的新支点。几乎所有的世界性通讯社都在其新技术应用的过程中反复强调，新技术、新工具的应用绝不意味着对新闻人才价值的替代，也不意味着可以抛弃新闻业的诚信原则和职业道德。总体来看，建立一个更加值得信任的新闻业，建构能够更好地服务于人类社会发展需求的信息生态系统，是通讯社数字化转型的远景目标。

正如凯文·凯利（Kevin Kelly）所言，技术元素的巨大力量并非来自其规模，而是来自其自我增强的天性。一项突破性的发明能够引起更深刻的突破性发明。接下来这些进步又引起其他突破性发明。每一步都在保留此前发明的大部分优点的同时增加了更多力量。❶ 今天，我们仍然身处数字技术创新所带来的巨大变革之中，尚难预计技术终将走向何方。但可以肯定的是，每一次重要的技术更迭都会带来媒介系统的发展和持续不断的价值流动。媒介系统在"价值发掘（产生）—价值转移（流失）—价值再造（提升）—价值发掘（产生）"的循环过程中发展演进。从这个意义上说，本研究的实质是在历时性视角下，对世界性通讯社在数字化进程中从价值流失到价值再造、价值再发掘的过程与路径的检视，以期进一步把握其价值流动规律和未来发展走向，亦为其他媒介组织的数字化探索提供参考。

---

❶ 凯文·凯利 . 技术元素 [M]. 张行舟，余倩，等译 . 北京：电子工业出版社，2012：10.

目　录

CONTENTS

第一章　法新社数字化转型发展研究

第一节　法新社概况与数字化发展历程

一、法新社发展现状

法新社（Agence France-Presse，AFP）全称为法国新闻社（见图 1-1），前身是 1835 年由法国银行家查尔斯·哈瓦斯（Charles Havas）创建的世界上第一家通讯社——哈瓦斯通讯社。因此，法新社也是历史最为悠久的世界性通讯社。1944 年，巴黎光复后，戴高乐临时政府在哈瓦斯社原址上组建了法新社，使之成为法国的官方通讯社。1957 年 1 月 10 日，法国国民议会通过法新社改组章程，规定法新社为"基于商业规则运作的自治公共企业"，取消政府对社长的任命，改为董事会选举产生。❶ 自此，法新社取得了形式上的独立地位。

图 1-1　法新社标识

但从组织结构和经营状况来看，法国政府对法新社仍然具有直接影响。根据 1957 年法新社章程，法新社最高领导机构是管理委员会，由 15 名委员组成，负责选举法新社社长及批准法新社预决算。15 名委员中，法国报界代表 8 名，国营广播电视机构的代表 2 名，政府代表 3 名，法新社员工代表 2 名。社长候选人需要取得 13 票才能当选，而法新社员工按照惯例都是投弃权票的，国营广电机构的代表一般也由政府委派。因此，从选举原则来看，法新社社长仍然需要得到政府认可。而在负责法新社章程执行监督的高级委员会和财务监督的财务委员会中，也都有政府人员的参与。尽管法新社的上述管理机制在 20 世纪以来经过了几次修订，一定程度上削弱了政府的影响（见图 1-2），但法新社仍然具有浓重的国家色彩。从财政预算来看，自 1957 年开始，法国政府对法新社的经费支持从此前的直接补贴改为由各级政府机构或公共部门订购法新社新闻，政府订费在法新社的总收入中占比高达 80%。20 世纪 80 年代以后，政府订费在法新社的收入比例才逐渐减少，但依然是法新社收入的最主要来

❶　SOS-AFP. Full Text of AFP's Statutes in English [EB/OL]. （2017-06-12）[2019-11-03]. https://www.legifrance.gouv.fr/affichSarde.do?reprise=true&page=1&idSarde=SARDOBJT000007105110&ordre=null&nature=null&g=ls.

源。因而法新社往往被认为是一家具有半官方特色的世界性通讯社。

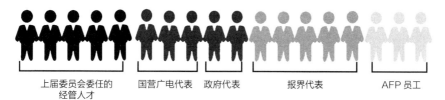

图 1-2　现行章程中法新社管理委员会人员构成

成立时间长、资讯生产能力强、专业化程度高的机构特色为法新社在法语新闻市场建立了难以动摇的优势地位；遍布全球的记者网络和及时的重大新闻报道也为法新社在全球新闻市场赢得了受众与声誉。例如，法新社先后于1953 年率先报道斯大林之死，1972 年最早报道慕尼黑奥运会上以色列代表团遇袭的消息，1984 年最早发布了印度总理甘地遇刺的新闻，1995 年俄罗斯攻占车臣、2011 年利比亚战争也都是由法新社的记者首先发出了现场报道。

今天的法新社总社设在法国巴黎，在全球五大洲的 151 个国家建有 201 个分社，拥有来自 80 个不同国家的 2400 名员工，其中新闻记者 1700 名，具备法语、英语、西班牙语、葡萄牙语、德语和阿拉伯语 6 种语言资讯的生产能力。法新社的信息产品包括多种格式的新闻稿、图片、分析图表、视频等，可支持在多种终端观看和阅读。根据巴黎、华盛顿、中国香港 3 个编辑部的时差顺序，法新社采用全天候 24 小时发稿机制，以实现对热点地区、突发新闻的全面覆盖。法新社还具有完善的全球新闻发布网、5 颗通信卫星及全球各地2000 个卫星地面站。

法新社在全球范围内约有 5000 家客户。2018 年，法新社经营收入为 3 亿欧元，国内收入占 43%，国际收入占 57%；商业收入占 56.6%，图片收入占

41%。❶ 在世界品牌实验室发布的 2019 年世界品牌 500 强排名中，法新社居于第 242 位。过去 30 多年中，不断涌现的新技术在给法新社传统业务带来挑战的同时，也成为机构数字化转型发展的重要驱动力量。

二、法新社融合发展进程

在世界性通讯社中，法新社的数字转型之路起步较晚，却走出了自身特色。法新社在深耕新闻内容、抓好新闻质量的同时，积极进行技术研发和产品研发，提升传播速度、国际化程度和多产品经营的能力，以适应 20 世纪 90 年代以来新闻业的数字化、网络化发展进程和公众、机构对新闻信息的多样化需求。

（一）第一阶段：扭亏为盈，进军英语市场和网络（1990—1999 年）

20 世纪 80 年代，在资本主义世界经济危机的背景下，法国政府不得不减少对法新社的新闻订购以缩减开支，由此导致法新社连年大幅亏损：1989 年亏损 4020 万法郎，1990 年亏损达到了 5000 万法郎。1990 年 1 月 26 日，克劳德·莫伊斯（Claude Moisy）出任法新社社长后主持制订自救"四年计划"，目标是到 1994 年实现收支平衡，以期扭转机构运行的被动局面。到 1992 年，尽管法新社仍然没有完全走出经营困境，但四年计划已初见成效，当年亏损额缩减至 2740 万法郎。

1993 年 2 月，莱昂内尔·弗勒里（Lionel Fleury）出任法新社社长。由于当时法国的法令限制通讯社参与广告和公关业务，他便主张在抓好主体业务和

---

❶ AFP. Annual report 2018 [EB/OL].（2018-11-22）[2019-11-03].https：//www.afp.com/communication/report_2018/AFP_annualreport_2018.pdf.

提高新闻质量的同时，拓展海外市场，开发新的产品，以此摆脱对公共资金的依赖。莱昂内尔·弗勒里认为，要想和其他国际通讯社竞争，英语市场是发展的关键。❶ 在这一思路的引导下，法新社迅速在已有的经济信息专线（法文）之外，开辟了独立的金融专线，又与英国的金融时报集团联合推出了英语经济信息专线（AFX），从而打破了路透社对这一领域的垄断。与此同时，法新社内部不断进行图片传真系统、文本服务系统（1995 年推出 AFP-Direct）、照片编辑系统（1996 年推出 Symphonia）技术软件的数字化升级。到 1993 年年末，法新社已经实现全数字化运行，亏损额下降到 1690 万法郎；到 1994 年，基本实现收支相抵。但"如何改善财务状况"这个长期以来积累的老问题仍然没有彻底得到解决。

以 1995 年 12 月法新社网站诞生为标志（见图 1-3），法新社开始了真正意义上的数字化转型之路。同时，也因为莱昂内尔·弗勒里在任期间法新社先后报道了总理"住房丑闻""大罢工"等新闻，他被总理阿兰·马里·朱佩

图 1-3　1995 年 12 月法新社网站诞生

---

❶ Jacques Neher. AFP Decides English Is the Key，International Herald Tribune[EB/OL].（1994-06-10）[2019-11-13].https://www.nytimes.com/1994/06/10/business/worldbusiness/IHT-afp-decides-english-is-the-key.html.

（Alain Marie Juppé）约谈，连任社长失败。1996 年 2 月 3 日，让·米奥（Jean Miot）当选法新社社长。

让·米奥也支持国际发展和多元经营的理念，积极推动信息业务的数字化发展。1996 年 7 月，法新社的第一份法文多媒体互联网杂志诞生；1997 年，法新社推出图片银行（Image Forum）服务。图片银行实际上是一个图片数据库，用户可以在线上获取法新社图片档案中的数码照片。图片银行的推出改变了法新社传统的点对点照片传真服务方式。照片的数码化在缩短传输时间的同时，也使得法新社的图片销售从"主动推销"向"用户自选"转变。以 1998 年法国世界杯为分界线，法新社的"图片数字化革命"进入全面加速的新阶段，先后投入大量资金购置专业数码单反相机等数字化硬件和软件，对所有照片进行数字化处理，不断充实图片数据库。

（二）第二阶段：研发创新，推进多媒体开发合作（2000—2009 年）

21 世纪的第一个 10 年是纸媒走向衰弱的 10 年。联合国教科文组织（United Nations Educational Scientific and Cultural Organization）发布的《2004—2013 文化产品与服务的国际流动报告》显示，10 年间全球文化产品贸易额增长了一倍，但作为纸媒主打产品的报纸杂志的销售额却在数字化的潮流中下滑了 9%。法国的阅读氛围较浓，有深厚的纸媒读者群，统计局发布的 2019 年阅读数据显示，91% 的法国人是纸质书读者，40% 的人每年阅读 5 ~ 19 本纸质书。❶ 在 6513 万的总人口中，约有 5926 万的人是纸媒读者。❷ 但随着互联网

---

❶ Statista Research Department. Number of books read on average in France 2019[EB/OL].（2019-10-23）[2019-11-23]. https：//www.statista.com/statistics/415289/print-format-and-digital-books-reading-consumption-france/.

❷ World Population Review. France Population [EB/OL].（2019-11-13）[2019-11-13].http：//worldpopulationreview.com/countries/france-population.

的迅速发展，法国报刊年发行总量在 2007 年达到峰值后开始快速下降，数字化阅读的读者规模随着电子设备的普及而不断扩大。电脑、平板、智能手机的发展，使得人人都可以从网络上获取各种资讯，世界性通讯社新的竞争者也不断涌现，如美国有线电视新闻网（CNN）、谷歌新闻、优兔（Youtube）等。面对纸媒的衰弱和电子设备的崛起，法新社做出了新的调整和转变，主要体现在以下几方面。

第一，价格和市场布局方面，降低价格稳国内，不遗余力走出去。2002年，财政状况并不乐观的法新社又遭遇退订危机，经营赤字达到 7100 万欧元。2004 年和 2005 年，法国免费地铁报纸《地铁报》（Metro）一度取消与法新社签订的资讯服务合约。2009 年，法国在报纸广告收入下降 20% 的背景下，法国地方日报联合会（SPQR）发起反对法新社 2.5% ~ 3% 的价格上涨的联合抗议。2009 年开始，《巴黎诺曼底报》（Paris Normandie）、《普罗旺斯报》（La Provence）、《尼斯晨报》（Nice-Matin）、《瓦尔晨报》（Var-Matin）和《联合报》（L'Union）相继与法新社解除合同。2010 年《20 分钟报》（20 minutes）也采取了同样的举措。❶ 为维持国内客户，2011 年 6 月，法新社推出"重点"廉价服务套餐 Essential-PQR，以传统订购服务一半的价钱，向地方性日报提供占总量 30% 的主要资讯。《巴黎诺曼底报》《20 分钟报》重新成为法新社客户。❷与此同时，法新社抓住路透社缩减非洲地区员工规模的机会，加大在非洲、拉美、中东等新兴地区的人员投入和市场开发。尽管直到 2014 年，非洲市场的收入仅约占法新社收入的 1.5%，但早在 2002 年法新社就在非洲启动了互联网

❶ Par Xavier Ternisien. Le quotidien gratuit "20 Minutes" résilie son abonnement à l'AFP[EB/OL]. (2010-11-01) [2019-11-13]. https://www.lemonde.fr/actualite-medias/article/2010/11/01/le-quotidien-gratuit-20-minutes-resilie-son-abonnement-a-l-afp_1434032_3236.html.

❷ Marc Endeweld，陈婉茹. 法新社如何应对纸媒危机 [J]. 传媒评论，2015（5）：35-38.

和移动服务，2007年开始在非洲市场提供视频新闻服务。

第二，内部创新方面，法新社成立了多媒体研发部门（Multimedia Development Department），专注于研发具备自动化、多语言、多媒体呈现的数字应用产品。法新社传统的强势新闻产品是文本形式的新闻报道和信息资讯，但随着读图时代和互联网的到来，文本形式的表现力已不能满足媒体和公众的信息需求。2000年，法新社成立了多媒体研发部门，整合新闻记者、行销、工程技术这三方人才，从事原创产品开发。2000年7月，法新社推出动画图表服务（Animated Infographics）；2001年，法新社开始提供网络视频新闻制作服务；2005年实现了通过智能手机的前身PDA（Personal Digital Assistant）传输照片；2007年法新社宣布推出面向广播公司、互联网服务提供商和移动通讯运营商的国际视频新闻服务——AFPTV和视频平台Video Platform（见图1-4）；2008年法新社又开发了一系列专门面向移动运营商的服务项目。到2007年，法新社的营业利润达到1890万欧元，多媒体和视频服务成为法新社的第三大收入来源，体育报道收入在法新社的收入比重中也有了较大幅度的提升。

图1-4　法新社针对移动运营商的服务

第三，外部协作方面，法新社通过第三方协同开发新产品，分销资讯内容。法新社合作的单位不仅有区域性的移动运营商、全球性的互联网公司等技术类公司，也包含其他国家通讯社、图片视频供应商、风险投资公司等多个领域的企业和机构。例如，1999 年 12 月 22 日，法新社与芬兰移动电话生产商诺基亚集团签订了一项全球合作协议，以 WAP 的方式向手机用户提供网上新闻服务，用户可以通过手机随时拨号上网查看由法新社提供的新闻。[1]2006 年 1 月，法新社在优兔平台开通官方账号，面向公众提供资讯服务；2 月，法新社与日本软银集团共同投资建立了交互式日语网站（AFPBB News，www.afpbb.com），利用博客和在线论坛尝试新的新闻报道与传播模式，即网民可根据自己的爱好设计个性化主页，随时发布针对某一新闻事件的评论帖。内容分销方面，法新社先后与 Zoom.in（2007）、谷歌（2007）、商业图片提供商 Pictopia（2007）、全球网络内容网站 Mochila（2007）、数字媒体发布平台 ClipSyndicate（2007）、美国财经类信息出版公司道琼斯公司（Dow Jones and Company 2008）、法国 MobileScope 公司（2008）等开展合作，借助不同平台将法新社的新闻和图片信息内容销售到各个国家和地区的新闻市场。

法新社也积极参与数字化新闻业务的规则制定。2006 年，法新社推出了首个多媒体编辑系统（XML Format）。2008 年 2 月 5 日，法新社加入移动信息与新闻数据服务联盟（Mobile Information and News Data Services for 3G），与德国新闻社、奥地利国家通讯社、荷兰国家通讯社、瑞士国家通讯社和匈牙利国家通讯社合作探索国家新闻通讯社从单纯的内容提供商向平台服务提供者的身份转变路径。[2]

　　[1] 唐润华，孙镜 . 路透社、美联社、法新社如何应对互联网的挑战 [J]. 中国传媒科技，2001（7）：6–10.
　　[2] 陈怡 . 法新社新媒体发展战略 [J]. 中国记者，2008（6）：59.

（三）第三阶段：紧跟潮流，强化视频和新闻事实核查（2010 年至今）

"以前，法新社在讯息传播速度上拥有绝对的主导权，任何媒体都无法与其竞争。但推特的出现改变了一切。"一名法新社记者如是说。❶ 不论是两次奥巴马大选还是"阿拉伯之春"，都折射出社交媒体的强大传播力。21 世纪的第二个 10 年，社交媒体凭借用户基数大、信息传播快、互动功能强等特点，日益成为信息传播的新力量。根据统计，2014—2015 年，法国智能手机持有率增长 7%，占法国人口的 56%，是 2011 年的 1 倍多；平板电脑用户数量增长了 14%，占法国人口的 43%，是 2011 年的 10 倍。同时使用电脑、手机和平板电脑等多种平台的用户占法国人口的 30%，仅 2014 年下半年增幅就达到 6%。❷ 在此背景下，法新社在夯实传统业务实力、抵御新媒体冲击的同时，积极拥抱移动互联网和信息技术，尝试借助新兴平台拓展产品服务的人口和地理覆盖范围。

首先，法新社借助新媒体，面向全球，走近年轻受众。法新社相继推出法文和英文的官方脸书页面（2010）、推特账户（2011）、照片墙（Instagram）账户（2014）。与此同时，法新社内部也鼓励记者开设个人账户或博客，提高机构在社交媒体平台的可见度。2011 年，法新社的国际市场收入首次超过国内市场。2012 年，法新社与亚马逊签署协议，以英文和法文推出 AFP-Relaxnews 服务，用户可通过 kindle 订阅每日出版的 AFP-Relaxnews。❸ 同时，法新社更加重视体育新闻报道。在欧洲杯、伦敦奥运会体育活动的推动下，法新社

---

❶ Marc Endeweld，陈婉茹 . 法新社如何应对纸媒危机 [J]. 传媒评论，2015（5）：35-38.
❷ 法国报刊在重压下探索发展新模式 [J]. 中国包装，2016，36（6）：86-87.
❸ AFP. AFP & Relaxnews launch a Lifestyle publication[EB/OL].（2012-04-10）[2019-11-13]. https：//www.afp.com/en/agency/innovation/afp-relaxnews-launch-lifestyle-publication.

体育类产品服务的收入在 2011 年至 2012 年间增长了 34%。

其次，大力发展视频内容。法新社通过对视频内容市场潜力的评估认为，视频应成为未来机构发展的核心业务。2010 年 9 月，法新社推出全球首个高清视频新闻服务（见图 1-5），也成为第一家提供高清视频内容服务的世界性通讯社；2011 年，法新社推出首批 3D 影像；2012 年 5 月，法新社对第 66 届戛纳电影节进行现场直播；2015 年 6 月，法新社宣布推出新的、面向电视频道用户的视频线路——法新社电视直播（AFPTV Live）。短短几年间，法新社现场视频制作的数量增至之前的 3 倍。

图 1-5　法新社推出全球首个高清视频内容服务

同时，法新社持续完善内部系统，加强新闻事实核查。内部系统升级方面，2012 年 4 月 18 日，法新社在启动新网站——www.afp.com/en；2012 年 7 月，推出更加符合客户要求的 Iris 生产和分销系统；2014 年 4 月，法新社推出了其新的多媒体平台 AFP Forum，能够在一个站点上以 6 种语言提供的文字、照片、视频和信息图表的完整新闻制作；2019 年，推出 AFP Content API 和 AFP Agenda。

数字化新闻事实核查方面，法新社也一直走在全球新闻业的前列。法新社在官网上设立 AFP Fact-Check 板块，专门用于澄清事实，辨析虚假新闻。目前，法新社已经建成由 48 位事实检查专家组成的新闻核查网络，他们在 20 多个国家 / 地区以 9 种语言独立工作。法新社加入了 CrossCheck、Comprova、FactCheckEu、BBC 倡议等多个事实检查合作项目，与其他国际新闻机构和事实核查组织开展协同合作。法新社也是脸书第三方事实核查程序的主要合作者，其负责的核查范围覆盖 47 个国家和地区。

体制机制方面，法新社也进行了大幅度的改革。2014 年年末，法国国民议会通过了关于法新社"新闻现代化"的法案，法新社体制改革进程开启：法新社社长的任期从 3 年改为 5 年，减少了董事会中报界代表的席位，根据欧盟委员会的要求，政府付款必须将商业订购和公共利益区分，使得法新社成为"全球信息组织"。❶ 允许法新社在不损害独立性的前提下为其技术子公司 AFP BLUE 进行融资。❷ 这些体制上的调整使法新社的运营方式变得更加灵活，也为法新社的身份转变、市场活力激发提供了可能性。

综上，20 世纪 90 年代的法新社在经济危机的背景下，通过国际化发展和开发新的产品实现了扭亏为盈，拓展了英语国家和非媒体单位的新闻市场。在 21 世纪的第一个 10 年通过低价稳定国内市场，加强内部创新与外部协作开发适用于手机等移动终端的新产品。在第二个 10 年推出高清视频，积极发展新媒体平台，迎合了互联网的发展趋势和全球新闻市场对信息资讯更快传播的新诉求。

❶ AFP．Presse：l'Assemblée adopte une proposition de loi de modernization[EB/OL].（2014-12-18)[2019-11-14].https：//www.lexpress.fr/actualites/1/politique/presse-l-assemblee-adopte-une-proposition-de-loi-de-modernisation_1633729.html.

❷ Nicolas Madelaine. L'AFP se réorganise pour pouvoir lever des fonds[EB/OL].（2014-12-12）[2019-11-15].https：//www.lesechos.fr/2014/12/lafp-se-reorganise-pour-pouvoir-lever-des-fonds-298980.

第二节　法新社数字化转型路径与代表性产品分析

一、法新社数字化转型路径分析

新媒体技术的发展主要从 4 个方向重塑新闻产业面貌：一是促成记者工作方式的改变；二是促成媒体组织的转型；三是促成数位媒体内容的发展；四是促使记者、信源、组织、公众、财政来源与竞争者之间新关系的发展。❶ 对法新社而言，数字化转型也反映在人、组织、内容和关系等方面。

（一）内部转岗培训，从业人员的角色转型

人员成本是法新社成本支出中最大的项目。法新社的预算中约有 75% 用于支付雇员工资。❷ 法新社曾多次尝试通过裁员缩减支出，但在实施过程中均受到阻碍。例如，2009 年法新社原本计划裁员 40 人，但在工会抵制下被迫放弃；2018 年，法新社社长宣布将在未来 5 年裁员 125 名，以节省 1400 万欧元的员工成本。但到 2019 年 1 月，这一数字不仅调整为 95 名，还遭到了法国记者工会（SNJ）法新社分会的反对和抵制。因此，法新社并没有出现大规模的裁员，但为了缩减支出和顾及工会力量，法新社无法大规模引进新的技术人

---

❶　Pavlik J. New Media Journalism[M] // Eadie W. 21th Century Communication：A Reference Handbook，London：SAGE.2009：643-651.

❷　AFP. Annual report 2018 [EB/OL].（2018-11-22）[2019-11-03].https：//www.afp.com/communication/report_2018/AFP_annualreport_2018.pdf.

才，因此只有在现有人力资源配置上，采取内部转岗培训等方式，培养老记者向"多面手"转变。例如，简单的视频新闻采访通常由一名记者完成采、写、摄、剪多项工作。

正如原法新社华盛顿分社新闻总监大卫·密立金（David Millikin）所言，法新社新闻记者的转型，是以内部培训取代外聘新手的方式。以 6 年前开始发展的电视新闻部门为例，法新社在组织调整与新闻记者人力转换的阶段，通过持续性的沟通与说明方式，促使内部同人能够理解转型的必要性。数字化转型过程中，法新社记者也了解到电视新闻的重要性将会日增，统一采取自愿转调的方式，管理层也鼓励跃跃欲试的同人能够积极参与。现在法新社记者正逐步转型为"复合型记者"（Mult-task Journalist），既可以撰发特稿，也可以摄影。部分文字记者也可以携带小型的高画质摄影器材，提供短版的网络新闻影片，这是实验性质比较大的一种新闻采访模式。法新社 1700 名记者中，有 1050 名是文字记者。❶ 新闻市场对视频信息需求的不断增加，要求这些记者必须积极地去适应不断推陈出新的新平台和新形式。目前，法新社已经发布了新的《法新社编辑标准与最优操作手册》，对数字化时代记者和编辑的信息判断力和数字新闻伦理等方面的素养提出了新的要求。

（二）转换经营思路，从法语通讯社到全球信息组织

从机构性质上看，尽管法新社一直强调自己的"独立"，但同法国政府之间从财政支持到组织架构上的密切联系都显示出其"半官方"的特征。法新社领导层和法国政府几次尝试对法新社做出"现代化"改革，但都由于工会抵制而失败，直到 2015 年才通过对法新社改革的部分修订案。因此，在数字化发

---

❶ AFP. Annual report 2018 [EB/OL].（2018-11-22）[2019-11-03].https://www.afp.com/communication/report_2018/AFP_annualreport_2018.pdf.

展的前期，法新社主要通过经营思路的调整来改善机构收入、优化市场布局，主要包括以下两个方面。

一是增加非法语的新闻产品供给，以拓展市场空间。1993 年，时任法新社社长的莱昂内尔·弗勒里就指出，"要想获得更多的世界市场份额，我们要做的是用最易懂的语言进行表达，我们必须提高我们的英语服务质量。"❶ 基于这个目标，他加强对巴黎、华盛顿和中国香港分社员工的英语写作要求，推出针对中国市场的中文服务。尽管莱昂内尔·弗勒里在法新社内部刊物上发表的要求重视英语的社论遭到了法国知识分子的反对，但法新社确实由此开启了多语种新闻服务国际市场的大门，也拓展了自身的发展空间。2011 年之后，来自国际媒体合作的收入已占到法新社总营业额的 54%，而在 2004 年这一比例仅为 47%。与此同时，法新社与法国媒体合作收入占总营业额的比例却从2004 年的 13% 降到 2011 年的 9%。

二是与更多国家的非媒体机构和企业开展合作，丰富市场维度。经历了2004 年法新社退订风波和 2007 年法国纸媒寒冬后，法新社国内的法语服务的客户数量和营业额都有所下降，从 2010 年的 5500 万欧元降到了 2013 年的5000 万欧元。但通过同图片社、非媒体机构、移动通信运营商以及不断开辟的亚洲、拉美、非洲等新兴市场，法新社的国际客户数量则保持了持续扩张的态度。从 2005 年到 2010 年，法新社服务的订户数量增长了 27%，国际客户增加了 401 家，法国客户增加了 44 家。

时任法新社社长伊曼纽尔·胡格（Emmanuel Hoog）表示，如果说以前的法新社是一对一模式下的本国记者面对读者，现在的法新社则是由来自 80 多

---

❶　Jacques Neher. AFP Decides English Is the Key, International Herald Tribune[EB/OL].（1994-06-10）[2019-11-13].https://www.nytimes.com/1994/06/10/business/worldbusiness/IHT-afp-decides-english-is-the-key.html.

个国家的记者团队构成，并且面对的是 150 多个国家的客户媒体。我相信我们还有很多进步空间。❶ 这意味着，法新社本身的组织定位已经不是主要面向法语市场的法语通讯社，而是面向全球的信息服务商。尽管法新社的全球记者网络布局早已有之，但在数字时代，它通过加入移动信息和新闻数据服务联盟、开发图片视频数据库、参股"公民记者"平台 Scooplive、授权谷歌内容转载等多样化的服务和合作方式，越来越多地参与到用户的信息定制服务中去，从而逐步实现由"新闻批发商"向"信息服务商"的机构定位转型。

（三）技术驱动，精益求精促进内容转型

今天，法新社机构介绍中这样写道：法新社是一个多语种、多文化的新闻通讯机构，其使命是持续地提供准确、平衡和公正的报道，不论新闻发生在何时何地。在这个信息日益纷乱的世界中，法新社的职责是追求真相，并以文本、图片、视频或其他任何形式发布。在数字化转型过程中，法新社的内容转型主要体现在对速度和质量方面的提升。

速度方面，法新社将互联网和新媒体等作为技术手段，提高新闻的采写、加工、分发效率。新闻采写上，法新社推出针对文本服务的数据库 AFP-Direct、照片编辑的 Symphonia 系统、视频报道的 AFPTV 平台，加快了图文视频的传输，完备的图片和视频数据库也有利于资料储存和后续搜寻。加工方面，法新社推出新闻内容管理系统（Content Management System），可以满足多媒体即时报道的要求。该系统将庞大的资料库与自动化技术结合，能够自动生成、匹配，产生不同分类的新闻模板。分发上，法新社推出 Iris 生产和分销系统，提供多媒体平台 AFP Forum 数据库，为客户提供完整的线上新闻信息获

---

❶ Marc Endeweld，陈婉茹. 法新社如何应对纸媒危机 [J]. 传媒评论，2015（5）：35-38.

取通道。

质量方面，法新社将通讯社内容生产标准与网络化的信息需求和传播规律相结合，提供面向多终端的多媒体内容生产和定制服务，提供更高清、优质、准确的信息内容。互联网等信息技术催生了庞大的网民群体和可视化、个性化的信息需求。但早期法新社的数字转型只是把原有的传统媒体供稿搬上网络，无法有效适配基于网络平台的信息需求。因此，进入数字化转型的中期以后，法新社开始为网络用户、移动手机用户定制专门的新闻内容服务，从单一内容产品到可以互动的新闻论坛，从文本到图片再到视频，法新社的内容形式根据市场需求不断丰富、快速创新。

法新社也敏锐地意识到数字化和网络化使得新闻同质性问题更加突出，要在世界新闻市场竞争中获得优势地位，仅靠生产符合网络发展的多形态新闻内容是不够的，"人无我有，人有我优"的特色化内容对通讯社竞争力塑造的意义更加重要。因此，与众多通讯社从偏远或战争地区减员的做法不同，法新社遍布全球的记者网络以及对新兴市场和偏远地区的布局，往往使其能在重大新闻报道中抢到独家新闻，即实现"人无我有"。最早推出高清视频服务保证了视频信息的高质量；遍布全球 20 个国家和地区的事实核查网络保证了新闻报道的真实性；《法新社编辑标准与最优手册》适应移动互联网时代新闻采编要求和伦理规范；完善版权管理，利用欧盟《数字化单一市场版权指令》维护版权利益则是法新社实现"人有我优"的主要举措。

（四）多方合作，开放通讯社与客户关系

数字化时代，法新社在全面"触网"的过程获得了直接接触个人用户的机会，业务模式也随之由原来单一的 B2B 模式转变为 B2B+B2C 模式。自 2010 年 1 月起，法新社在苹果应用商店陆续发布面向个人用户的 5 种语言版本（西班牙语、葡萄牙语、英语、德语和阿拉伯语）的法新社移动终端应用。由于法国本土限制法新社直接将内容提供给终端使用者，法语版的移动应用一直没有公开发布。但是，正如前路透社社长汤姆·格罗瑟（Tom Glocer）所言，"社交网络出现后，人们很难再将 B2B 和 B2C 区分开。" ❶ 在新媒体的潮流下，新闻分发必将走向终端使用者。法新社在避免与企业客户发生利益冲突的前提下，开辟了 AFP-BB 论坛、上线多语种的脸书、推特、照片墙官方账户，这些渠道都实现了法新社与公众的直接交流与对话，形成了新的信息传播短链关系。

法新社在数字化转型过程中的理念变化也反映在它与互联网新闻服务提供方的关系转变上。在数字化发展的早期阶段，法新社一度将新闻网站和在线新闻服务企业视为重要的竞争对手。2005 年 3 月，法新社以谷歌新闻服务随意转载版权新闻为由，将谷歌告上法庭，并要求赔偿 1750 万美元。但 2007 年它便撤销了这一诉讼，转而采用授权合作的方式允许谷歌进行新闻转载。法新社对网络新闻版权问题的处理方式的调整，在一定程度上反映出其对网络技术的工具性价值以及信息价值变现逻辑的认知变化。

通过开放合作，法新社不仅增加了内容版权收入渠道，还扩大了自己新闻内容的全球覆盖范围和品牌影响力。法新社开展的此类合作还包括：通过与诺基亚集团合作，为手机用户提供新闻信息进入移动信息服务领域；通过与日本软银集团共同投资建立交互式日语网站，以进入日本市场；通过与数字媒体发布平台 ClipSyndicate 合作，以借助第三方渠道进行内容传播和销售。另外，法新社还与许多图片社以及自由摄影师建立合作关系，向他们购买或定制照

---

❶ Par Hélène Petit et Enguérand Renault. Thomson Reuters : WikiLeaks n'est pas un concurrent [EB/OL]. （2010-10-09）[2019-11-14].https：//www.lefigaro.fr/medias/2010/12/09/04002-20101209ARTFIG00457-tom-glocer-invite-du-buzz-media-orange-le-figaro.php.

片，节约了人力成本的同时，也扩大了照片来源，丰富了报道主题。

二、法新社产品体系及经营状况分析

法新社提供的产品包括资讯产品和服务产品两个大类。

（一）资讯产品

法新社的资讯产品有新闻稿、图片、动画图表、视频等多种形式（见图1-6），其中文字新闻是其传统优势内容。据统计，法新社每天发布5000条文本新闻，1250篇插图文章，通过其制定的 XML format Metadata 可导出23种格式的文本产品。随着大屏手机、平板电脑的普及，基于移动互联网的视觉传播需求增长明显，图片和视频内容在机构营收中的占比也逐渐提高，成为法新社数字化产品拓展的新方向。2018年，法新社营业额3亿欧元，图片和视频收入占比达41%。[1] 视频内容方面，法新社主推高清视频和直播。以法新社与英国国家广播电视公司 BBC News 的合作方案为例，法新社通过 AFPTV Newsrooms 和 AFPTV Live Services，能为 BBC News 提供每月800场直播，每天250部新闻或专题片，提供法新社65%的新闻内容，几乎涵盖所有重大事件。图片内容方面，法新社最有代表性的产品是全球体育赛事照片，内容涵盖全球所有的世界性和国际性体育赛事，还能够提供有关世界体育的全面报道。图片银行图片库则是在 AFP Forum 上共享的网络平台，可以为用户提供即时访问。除此之外，法新社还提供图片幻灯片（Photo Slideshow）和定制服务。

---

[1] AFP. Annual report 2018 [R/OL]. （2018-11-22）[2019-11-03].https：//www.afp.com/communication/report_2018/AFP_annualreport_2018.pdf.

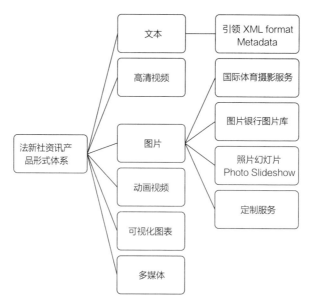

图1-6　法新社资讯产品形式类别

1. 可视化新闻产品

新闻可视化是数字时代对新闻产品提出的新要求，读者不仅仅希望看到对新闻事件的报道，更期待专业媒体人对数据进行通俗易懂的解读分析，希望获得对事件在场或再现的"体验感"。法新社在新闻报道中也愈发重视视觉要素和新闻可视化呈现，具体体现在动画新闻和信息图表设计等方面。

（1）动画视频（AFP Videographics）。法新社的动画视频业务（见图1-7），可以生产适用于网络、平板、手机等7种终端格式的动画，能够将文本、图像、照片、视频等结合起来，帮助解释复杂概念或理解技术趋势，每月约能生产100条视频。动画新闻中，政治议题和冲突性事件约占41%，社会议题约占25%，其他内容涉及经济、文化、科学、体育等各类新闻议题。法新社认为动画新闻在全球性重大突发新闻报道以及科普新闻上都具有传统新闻形式不可比拟的优势。它是利用三维动画、Flash 等方式呈现，并辅之以照片、现场视频、旁白、音效的新闻类短视频，视频简短但内容丰富。法新社的动画新闻于 2011 年在世界新闻记者和新闻编辑协会（WAN-IFRA）上获得亚洲数字媒体奖——"最佳在线动画图形"类别中动画视频一等奖。

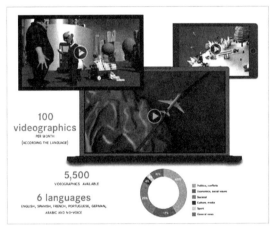

图 1-7　法新社动画视频产品示意

（2）信息图表（AFP graphics）。信息图表设计是法新社另一个卓有特色的数字化新产品。法新社的信息图表设计作品曾在国际新闻设计协会西班牙分会（SND/E）主办的 2010 年 Malofiej 比赛中获得在线信息图表类别奖项。

在法新社内部，制图部门直接与编辑部对接，根据编辑的信息需求制图。信息图表可用于纸媒、网站和移动终端，涵盖政治冲突（31%）、金融及社会议题（27%）、体育赛事（18%）等主题，通过表图、时间线、地图等多种方式呈现新闻。所有图表都以可编辑的格式提供给客户，以便于不同媒体根据需要进行翻译、修改或提取部分内容。目前，法新社每天能生产 70 个信息图表，可用插图 120000 张，支持 6 种语言（见图 1-8）。

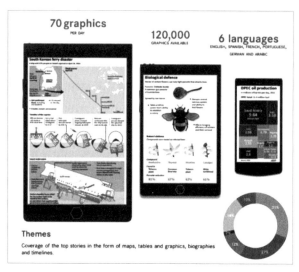

图 1-8　法新社信息图表产品示意

（3）交互图形（Interactive-Graphics）。法新社的交互图形是为电子屏幕设计的数字化产品，是对现有印刷和视频图形产品的补充。这一新的新闻形式重点关注重大事件、社会、文化及体育领域，一年可生产 125 条内容，可支持英、法、西、德 4 种语言，适用于所有屏幕格式。交互式图形以结构化和逻辑化的方式对新闻进行简洁化和可视化的解释，通过精心设计的图形、曲线、地图、照片等方式，使得新闻信息更易于理解。图形的响应性设计也使得用户在点击的过程中体会到更多的参与感和互动性，激发他们社交媒体转发、分享的兴趣。

美国总统奥巴马卸任时，法新社设计了"THE OBAMA YEARS"的新闻专题，对奥巴马任期内的 10 个承诺和实际结果进行交互新闻设计（见图 1-9）。点击首页的"开始"按钮，读者可以看到 10 张奥巴马的照片，每张分别代表其在上任初期的政治承诺，同时也对应每一节的小主题，再次点击所对应的图片即可跳转到该节的报道，报道内容中既有图文，也有视频、图表及动图等内容。图 1-9 显示了从首页封面—"peace"主题封面—视频及图文报道—返回主菜单或链接到其他主题的流程。

图 1-9 法新社利用交互图形对奥巴马任期进行回顾

　　交互图形在新闻可视化中的应用，创新了专题新闻之间的动态联系，使得多媒体的内容可以有机结合，在引入数字化时代呈现方式的同时，也使得新闻更具趣味性和互动性。

　　2. 定制化新闻产品

　　（1）多媒体定制内容。糅合了上述图文、视频等格式的多媒体新闻（Mulitmedia）可视为法新社数字化集成产品的代表（见图 1-10）。多媒体新闻主要为数字化平台（主要是互联网）提供新闻产品，有超过 120 个类别，每天生产1250 多篇图文并茂的文章，内容涵盖实时新闻、体育比赛结果及政治选举等多方面，在提供 XML、HTML、TXT、NewsML 或 WML（WAP）多种格式内容的同时，也支持客户定制和自定义内容。❶ 他们所提供的是可供平台直接使用的新闻主题成品，针对手机、平板电脑、台式电脑等多样化电子设备终端用户的数字阅读习惯和屏幕呈现效果，同一新闻的标题长短、相片排版、影像格式等多方面都进行适应性调整与优化。多媒体内容较好地适应了数字化时代不同

---

❶ AFP. Mulitmedia[EB/OL].（2016-04-30）[2020-02-01].https：//www.afp.com/sites/default/files/afpproduit/201604/pdf/online-newsweben2016.pdf.

电子设备终端用户的数字阅读习惯，也使得媒体或企业订户编辑新闻更加便捷。

图 1-10　法新社多媒体新闻产品示意

（2）领域、区域、用户定制内容。法新社的资讯产品在内容类别上也有所区分，其官网上主要呈现的内容产品有法新社体育（AFP SPOTRS）、法新社非洲（AFP in AFRICA）、企业服务等。法新社体育在重大国际赛事中的高品质多媒体内容产出不仅成为法新社收入的重要来源，也吸引了一大批年轻受众。法新社非洲则体现了法新社对非洲市场的重视。随着路透社非洲地区员工数量的减少，法新社在非洲市场的优势愈发明显。法新社目前在非洲市场共有13 个分社，拥有 365 家客户。近年来，法新社试图通过全方位展现真实的非洲以改变全球新闻领域对非洲的"3D"（Death、Disease、Destruction）报道习惯。2015 年，法新社针对非洲市场开设了名为"非洲周刊"的专题视频节目，标志着新一轮非洲业务的转型的启动。

法新社也为企业或特定客户提供订制内容。例如，2012 年推出的"the e-diplomacy hub"服务平台（见图 1-11）就是一个存档新闻网络索引的平台，能够集合全球 120 个国家和地区的 4000 多名政府领导人、部长、大使、企业、网络意见领袖、调查记者、激进主义者的推特账号，通过法新社设计的算法测量国家和个人的影响程度，并推算出哪些主要议题主导了数字外交和全球对话。上述内容都可以根据用户需求对最近 24 小时内的国际时事进行自定义分析，并以世界地图的形式展现。❶ 该平台在"阿拉伯之春"时面向公众开放，为分析数字外交的影响、网络及社交媒体上信息的筛选提供了帮助。

图 1-11　the e-diplomacy hub 绘制的全球领导人的推特网络联系示意

（二）服务产品

数字转型过程中，相较于新闻资讯产品，法新社提供的服务产品更加突出。法新社的服务产品包括具备实时制作、播放功能的 AFP Content API 平台以及包含有编辑、下载存档、分发、优化等多重功能的 Iris 生产和分销系统（见图 1-12），这些数字化服务系统自 2008 年推出以来，增强了法新社内部记者编辑之间的协调响应能力，使得编辑团队能够更加高效地浏览新闻，技术团队能够更好地优化内容集成，用户能够更简单地访问和互动。

---

❶ AFP. AFP launches "the e-diplomacy hub", an innovative tool for exploring the world of digital diplomacy [EB/OL]. （2012-06-21）[2020-02-02].https：//www.afp.com/en/agency/press-releases-newsletter/afp-launches-e-diplomacy-hub-innovative-tool-exploring-world-digital-diplomacy.

1.Iris 系统

面对数字时代不断提高的新闻生产信息含量和技术含量要求，2008 年秋季，法新社推出全新生产和分销系统 Iris（见图 1–12）。该系统是以法新社对全球 200 家客户进行的前瞻性研究分析报告《数字时代的新闻》（*News in the Digital Age*）的研究结论为基础进行研发的。Iris 既可以作为编辑系统、发行系统，也可以是下载平台，因此能够参与到数字化新闻生产的各个环节。

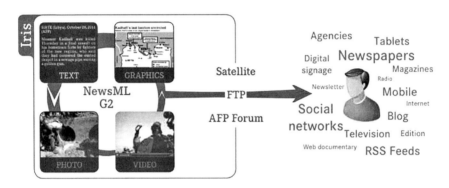

图 1–12　Iris 生产和分销逻辑示意

首先，Iris 是一个新闻编辑系统，它可以自动链接各种来源的信息素材并对元数据进行丰富。其所采用的 AFP NewsML-G2 格式文档可以利用 XHTML 5 来表示文本内容以及丰富的结构信息，可以将 XHTML 5 的大部分内容直接嵌入 NewsML-G2 内容中。当法新社发布图片时，它还会发布相关的 NewsML-G2 文档，该文档提供有关该图片的元数据，如标题、摄影师姓名、拍摄地点等。根据内容的性质，NewsML-G2 格式文档可以与主要内容本身分开（例如，图片与 NewsML-G2 文档一起为 JPEG 文件），也可以包含主要内容（例如，嵌入 NewsML-G2 文档内部的文字故事）。通过这一多媒体编辑系统，法新社的 1500 名记者都可以在上面制作新闻故事、照片、视频、图形、视频等多媒体内容，有助于增加编辑的协调和响应能力，加强各类别信息之间的联系，也可以对所生产的信息进行多方位的完善补充。

其次，Iris 是一个高效的分发系统。该平台所采用的 NewsML-G2 格式是主要新闻机构及客户定义的用于信息传输的新通用协议（作为 IPTC 的一部分），可以通过卫星、FTP 和网络传输丰富的内容。Iris 为新闻客户中的编辑团队提供了更快、更高效的浏览新闻方式；对于技术部门而言，Iris 可以优化编辑系统的内容整合功能，优化搜索引擎，扩大数字应用内容创作的自主权，开放同数据库或第三方应用联结的可能性；对于受众而言，也可以拥有更多的交互式和多媒体体验。

最后，Iris 也是一个法新社下载平台。Iris 系统内以法新社论坛（AFP Forum）的新闻数据为基础，可以为专业客户提供法新社所有历史内容数据下载和访问的通道。它既是客户单点范围的平台，也是新闻工作者的新闻写作工具，可以实现广泛而精确的数据搜索和比较分析。❶

2. 法新社论坛

法新社论坛（见图 1-13）实际上是法新社的各种内容产品的集成数据库，于 2014 年正式建成上线。其中包括原有的图片数据库、文本数据库 AFP-Direct 以及视频数据库法新社论坛。将 3 种形式的内容汇集到一个多媒体平台上，能够更好地满足纸质媒体、电视、网站、移动设备、企业和机构等多方用途。通过法新社论坛，用户可以访问法新社从 20 世纪到 21 世纪超过 4000 万个电子档案，并通过其搜索引擎能够快速、精准地找到所需内容。

---

❶ Iris[EB/OL].（2012-07-01）[2020-02-01]. https：//www.afp.com/sites/default/files/iris_leaflet_en_2012.pdf.

图 1-13 法新社论坛操作界面及数据库资源数据

法新社论坛按照类别和主题结构数据库，提供可视化的用户导航界面，并配有专门的编辑团队。每天系统会围绕新闻、商业、体育、名人、特色时尚以及当前新闻和档案这 6 个主题，提供主题数据包、纪念日主题内容、历史档案、新闻回顾以及"每日最佳内容"等推荐内容。法新社每日所生产的 8000 多条新闻内容（3000 张照片、5000 条文字新闻、250 条高清视频及图形动画等）都会被分类归入其中。法新社论坛同时也是一个增强版的搜索引擎，可以通过动态过滤来精准选择内容。在法新社论坛内，用户可以按照名称、地理位置、类别、关键字、合作伙伴以及语言等进行内容筛选。用户还可以在法新社论坛以主题、事件、地理位置或关键字进行信息订阅，以此追踪事件报道进程或定制个性化的新闻内容。所有用户都可以通过自有账户登录，同时处理他们共同订阅的内容。❶

因此，可以说法新社论坛是法新社内容的宝库，也是法新社的核心资源。法新社论坛通过对历史档案的再开发和利用，为法新社带来了持续不断的版权

---

❶ AFP. AFP Forum[EB/OL].（2014-04-11）[2020-02-01]. https：//www.afp.com/en/products/afp-forum.

收益；法新社记者、摄影师、录像师每天所创造的新内容又在丰富信息内容的同时增加了数据库的价值。通过开放这些既有的历史资料，法新社长久以来积累的大量内容的价值也得到了更加广泛的开发和应用。

3. 事实核查服务

"虚假新闻"（Fake News）的问题几乎与互联网新闻服务相伴而生，社交媒体的发展则进一步导致了假新闻的泛滥。法新社则始终将对真实信息的追寻作为自己的使命。它在强调本社生产新闻的信息真实性的同时，还借助技术手段对素材的真实性进行甄别，并为媒体和公众提供事实核查服务。

2011 年，法新社开始采用 Exo Makina 公司开发的 Tungsten 软件识别伪造数码照片。2017 年，法新社在法国大选前后用于核查选举信息的 Cross Check 合作项目广受好评。基于上述经验，法新社于 2017 年 11 月推出 Factuel（法语）博客，专门用于事实检查和打击假新闻。这一服务很快得到多个合作伙伴的响应，2018 年 6 月，法新社的新闻事实核查服务已经扩展到法语、英语、西班牙语、葡萄牙语 4 种语言。到 2019 年 4 月，由 48 位各国事实检查专家组成的法新社的事实核查网络已经覆盖到 20 个国家，可支持 9 种语言工作。法新社的专家团队遵循法新社宪章以及《法新社编辑标准与最优操作手册》，承诺不受政治、商业或意识形态影响，提供准确、平衡和公正的新闻报道。2018 年一年之内，法新社的事实审查团队已经撰写了 654 篇文章（37% 法语、37% 英语、16% 西班牙语、10% 葡萄牙语），涉及政治、环境、体育、健康、社会、移民、科技、食品等话题。❶

经过几年的积累，法新社已经成为打击假新闻的行业标杆。在法国"黄背心"抗议活动期间，法新社的新闻事实在一定程度上消除了民众对新闻信息的

---

❶　AFP. Annual report 2018 [EB/OL].（2018-11-22）[2019-11-03].https：//www.afp.com/communication/report_2018/AFP_annualreport_2018.pdf.

不信任，提升了法新社在行业和公众中的知名度。在 2018 年尼日利亚大选和巴西总统大选的过程中，法新社的事实核查也发挥了信息纠错作用。2019 年，法新社将事实核查服务拓展至西班牙和阿根廷；3 月，法新社加入欧盟的国际事实核查网络 Fact Check EU，与媒体检查机构一起对 5 月欧洲议会大选前后的虚假信息进行甄别核查；9 月，法新社加入打击不实信息的 BBC 倡议，与更多的国际媒体一起联手打击虚假信息。在互联网上，法新社事实核查部门每天都会通过社交媒体收到网民有关某些信息是否属实的询问。随着脸书与法新社就第三方事实检查（Third Party Fact Checking Programme）项目达成合作协议，法新社新闻事实核查的影响力开始在这个全球最大的社交媒体平台上发挥作用。如法新社社长法布里斯·弗里（Fabrice Fries）所言，经过验证的可靠信息将成为一种奢侈品。❶ 尽管事实核查服务并不直接带来收益，但因其关系公共利益，又是整体新闻生态的关键环节，已经成为数字化时代法新社行业影响力和公信力的重要支撑。

---

❶ Florian Guadalupe. Le nouveau PDG de l'agence Fabrice Fries s'est confié au "Figaro" [EB/OL].（2018-07-18）[2019-11-15].https：//www.ozap.com/actu/l-afp-pourrait-vendre-son-siege-historique/563320.

第三节　法新社数字化发展模式与未来规划

一、法新社数字化发展模式与创新探索

（一）授人以"渔"：从提供新闻信息产品到提供新闻信息生产服务

作为历史最悠久的通讯社，以"批发"的形式向媒体客户提供新闻信息产品一直是法新社的核心业务，这也是法新社率先建立的世界性通讯社经营模式。在数字化转型的过程中，法新社的服务体系沿着新闻生产链向上移动，在继续提供成品或半成品新闻信息的同时逐步开放素材数据库、档案数据库，以及编辑加工平台、信息分发平台和采编人员网络，从而形成更具包容性和开放性的新闻信息生产服务体系，与客户之间的关系也由最初的销售关系转向互动合作关系。

法新社把服务做到了搜索、加工、编辑、分发等每一个细分领域，提供一站式服务。数据库方面，法新社已经研发了法新社论坛，提供文本、图片、视频历史档案搜索（对于有特殊需求的企业或客户还可以提供内容定制服务）；加工和编辑方面，提供多格式、多语种、多媒体的新闻产品，并且保证最快的传播速度；分发上，研发 Iris 生产和分销系统，可以实现纸媒、网站、移动端等平台的有效分发。同时，法新社还为用户提供创新性的采编能力服务支持。例如，2015 年 10 月，法新社宣布与欧洲电视网（Eurovision）达成合作协议，推出一项名为"我的世界记者"（My World Reporter）的新服务。这项服务将帮助全球广播电视用户在最短的时间内找到自己需要的视频记者。在法新社"我

的世界记者"项目中注册的记者都经过法新社的严格培训，能够胜任摄影师、编辑、报道员和制片人的身份，他们精通当地文化和语言，使得媒体对于遥远地区的报道不再困难重重。显然，法新社服务思路的扩展，为回答"通讯社到底能为用户做什么"提供了新的思路和赢利途径。❶

（二）创新产品形式——双轨齐下，内外合作开发

数字化转型的过程中，法新社在既有人力和预算成本的控制下，通过整合内部资源、联合外部力量的方式充分利用多方力量，进行产品创新。

内部方面，法新社于 2000 年整合行销、工程师、记者等多专业人才组建的多媒体部门，后来发展成为内部的媒体实验室（Medialab），现在已经研发出多种网络信息处理工具。例如，ChronoLines 可用于构建交互式多媒体时间轴；OTMedia 可用于分析法新社、社交网络、在线新闻、广播电视之间的新闻传播网络；Edylex 可对文档进行语义注释；Samar 可提取知识，转录视频音轨以及将阿拉伯语翻译为法语或英语；Papyrus 可以用于语义网络分析；AFP 4W 则可用于交互式内容生成器。❷ 除此之外，法新社也成立了专门的技术性和服务型的子公司——AFP Blue 和 AFP Service，加强技术开发和服务提升。

外部合作方面，法新社已同企业、政府、非政府组织展开多样化的合作探索。前文已经提到法新社同日本电子商务通讯公司软银公司、芬兰移动电话生产商诺基亚、美国知名图片社盖帝图像（Getty Images）等多家企业都建立了合作关系。法新社擅长通过投资或签署协议等方式，借助合作单位的资源完成共同开发和内容传播。随着国际合作伙伴数量的增加，法新社完成了其内容和

---

❶ 陈怡. 法新社新媒体发展战略 [J]. 中国记者，2008（6）：86-87.
❷ AFP. Medialab[EB/OL].（2012-05-10）[2019-11-13]. https://www.afp.com/en/agency/medialab.

产品的全球覆盖。自 2016 年 1 月 1 日起，法新社的 Medialab 也参加了由欧盟 Horizon 框架资助的 InVID 项目（社交网络上的社交媒体视频内容验证），以及法国国家研究局（ANR）资助的 ASRAEL 项目（研究信息流中媒体事件的结构）。

（三）坚持内容为王——整合内容资源，提升内容质量

通讯社的核心竞争力始终在于其强大的资讯生产能力，在法新社的数字化转型中也一直坚守着对内容的高要求。

一是深耕现有新闻资源，强化特色化内容生产能力。法新社的内容生产基于对自身的充分认识，不断地利用已有的信息创造再利用价值，通过对自身已有的讯息资源进行整合，成立文本数据库、图片数据库、视频数据库，最后融合为法新社论坛。在差异化经营的过程中，法新社在加大对体育、图片等自身优势领域内容生产的技术、设备投入的同时，也注重对内容生产团队的优化和调整。例如，在 2018 年世界杯中，法新社几乎不在场地内设置办公桌，减少文字记者常规性新闻的写作配置而由其他生产团队负责，文字记者因而能有更多时间从事创新视角的新闻采写。摄影团队方面，法新社在俄罗斯世界杯上配置了比其他通讯社更多的机器人摄像机，从而可以采集到更多的新闻图像，并且创新性地从高空俯拍，为世界杯报道提供了独特的视角（见图 2-14）。上述调整使得法新社在体育新闻生产方面的成本不增反减，仅用 2014 年世界杯报道的成本就覆盖了 2018 年全部体育赛事报道的花费。

二是拓展新市场，加强多语种多平台内容生产能力建设。法新社在擅长的法语资讯内容之外，积极拓展其他语种新闻市场，自 1993 年起，法新社尤其注重记者、编辑的英文写作能力的提高。目前法新社已经可以生产法语、英语、西班牙语、葡萄牙语、德语和阿拉伯语这 6 种语言的资讯。与此同时，通

图 2-14　2018 年 6 月 28 日法新社记者拍摄的内马尔翻滚照片

过与 Zoom.in 等公司合作，法新社提供的内容又被翻译成意大利语、荷兰语等进一步传播。平台方面，从网站到多媒体杂志再到移动客户端、社交媒体，法新社一直在跟进新技术的发展，开发出适合多媒介平台的多样态新闻形式，如推出动画图表、视频直播等新内容业务。

（四）坚守事实——以新闻价值引导技术价值

真实性是新闻的核心与灵魂。法新社前全球新闻总监米歇尔·莱里登（Michèle Léridon）表示，可靠性是法新社的首要价值，甚至要优于时效性。❶法新社对新闻事实的坚守体现在以下几方面。

一是规范内部记者编辑采写发稿标准，从源头上保证新闻真实。2016 年法新社发布的《法新社编辑标准与最优操作手册》将准确性与真实性放在了新闻的基本要素首位，其中要求："法新社的记者，必须在适当的语境中准确地报道事实，不能有选择性地使用素材或者故意省略信息；必须分清事实与观点，不能把谣言当作事实来报道；必须用最严格的标准去核实信息。"手册还

---

　❶　AFP. Annual report 2015 [EB/OL].（2015-10-10）[2019-11-27].https：//www.alcea.fr/wp-content/uploads/2015/10/afp_en.pdf.

对信源的标注、发稿日期和地点、图片加工、数据图表绘制都进行了说明，要求法新社记者编辑必须竭尽所能去探寻事件真相，去质疑消息来源的准确性，从而提供真实可信的新闻报道。尽管手册并不具有强制约束力，也不能保证不会出现事实性错误，但是它作为法新社内部新闻工作者的操作规范，明确了机构的新闻操守和职业准则。

二是打击纠正外部假新闻，引领良好的网络传播环境。速度优先的技术逻辑使得谣言等假新闻的传播成为互联网上的常态，因此记者和新闻事实核查员的角色越发重要。法新社通过在法语市场最初的新闻事实核查服务，逐步把这项服务拓展到欧洲、美洲、亚洲等 20 个国家，支持 9 种语言工作，形成了热点地区全覆盖的全球事实核查网络。随后，许多媒体平台也相继发起类似的服务或倡议，有助于形成更好的新闻环境业态。

二、法新社发展战略与未来规划

根据预测，到 2022 年，法国智能手机用户数量将达到 5359 万，❶ 全面步入数字化生存将是未来几年法新社数字化转型的核心课题。同时，在新冠病毒疫情重创世界经济的背景下，法新社的经营收入困境仍未彻底摆脱。当前，法新社的发展规划和业务着眼点主要体现在减员节流、优先发展图片视频、加强新闻事实核查等方面。

自 2014 年到 2017 年，法新社的商业收入下降了 1000 万欧元，支出则增长了 4%。2018 年法布里斯·弗里当选法新社社长后宣布其业务增长目标为在未来 5 年内增加 3000 万欧元的商业收入，同时不排除通过裁员的方式节约成本。

---

❶ Statista Research Department. Smartphone users in France 2015—2022[EB/OL].（2018-07-01）[2019-11-13].https：//www.statista.com/statistics/467177/forecast-of-smartphone-users-in-france/.

目前，法新社 75% ~ 80% 的预算用于支付雇员工资，尽管此前的多次裁员都受到工会和员工的抵制未能完全实施，但在全球经济走低的背景下，裁员仍然是法新社缩减开支的重要方式。法新社还计划继续请求国家援助，也将出售法新社原总部大楼（位于巴黎证券交易所）作为缓解经济困境的备选方案。

业务方面，法新社将优先推进照片和视频业务。法新社的图片和文本信息服务在通讯社竞争中一直是优势，但是其视频业务相较于美联社的直播特色和路透社主打的移动端，只能在高清质量上略胜一筹。而清晰度的优势极易因为硬件设备的更新而消失。上任之初，法布里斯·弗里便有意提高图片视频在法新社业务中的地位，他明确表示，"视频占我们营业额的 12%，在美联社和路透社则占到 40%。法新社需要成为世界上两个主要的视频提供商之一。"❶ "新闻界正处于危机之中，但信息世界对图像的需求也在上升，尤其是电视频道、网站和社交网络。我们已成为世界摄影界的领导者，并且拥有极具竞争力的视频产品……我们在图像方面具有巨大的商业潜力。"❷

法布里斯·弗里在法新社 2018 年的年报中的开篇第一句话便强调了照片和视频业务的重要性和目标——2018 年，法新社将其战略重心围绕单一但重要的优先事项——发展我们的图像产品，尤其是视频。我们的目标是到 2023 年，图像（照片和视频）业务将产生 2500 万欧元的额外收入，图片视频收入在法新社收入的占比将从 2018 年的 39% 提升到 2023 年的 50%。❸ 到 2019 年，

❶ L'AFP doit devenir "l'un des deux grands fournisseurs de vidéo dans le monde" [EB/OL].（2018-06-01）[2019-11-14].https：//www.france24.com/fr/20180601-lafp-doit-devenir-lun-deux-grands-fournisseurs-video-le-monde.

❷ Par Audrey Kucinskas. A l'AFP, on craint les suppressions de poste [EB/OL].（2018-11-23）[2019-11-15].https：//www.lexpress.fr/actualite/medias/a-l-afp-on-craint-les-suppressions-de-poste_2049806.html.

❸ AFP. Annual report 2018 [EB/OL].（2018-11-22）[2019-11-03].https：//www.afp.com/communication/report_2018/AFP_annualreport_2018.pdf.

法新社提供直播和原始视频报道的能力已经有了大幅提高。从实际效果看，视频业务确实给法新社的销售带来了增长的动力，使得法新社在 2018 年避免了连续第五年的财政赤字。

除此之外，法新社的事实核查服务在 2019 年也持续扩展，越来越多的国家和地区参与其中。随着对网络的反思和新闻真实性地位的提高，这一项目在发挥公共性功能的同时，也给法新社带来了行业地位、品牌影响力、公信力的提升。

但是，法新社也面临着不容忽视的严峻挑战。例如，持续的财政困难严重限制了法新社的商业化发展。1998 年，法新社有意收购 WTN 图片视频通讯社，但由于国家出面禁止大幅增加员工数量，没有独立资金，被迫放弃收购。随后，美联社并购了 WTN，使得法新社丧失了一次实现图像业务技术领先的重要机遇，业务拓展陷入被动。现有的法新社章程也造成法新社在法国境内的商业模式创新的诸多困难，包括始终未能推出法语版的法新社移动客户端；工会的阻挠使得改制和裁员进程受阻；社交媒体增长乏力，不论是脸书还是推特，法新社的粉丝数量都大幅低于路透社和美联社。这些都是法新社前进过程中不得不面对的困难。

法新社数字化发展大事记

1993 年，法新社实现内容格式全数字化；

1995 年 4 月，法新社推出 AFP-Direct，主要针对自定义文本服务；

1995 年 12 月，法新社推出法新社网站；

1996 年，法新社推出 Symphonia 照片编辑系统，编辑和传输照片过程完全变为数字化；

1996 年 7 月，法新社推出第一本法文多媒体互联网杂志；

1997 年，法新社推出图片银行服务，可实现对法新社数字图片档案的实时访问；

1999 年 12 月 22 日，法新社与诺基亚集团签订了全球合作协议，以 WAP 方式向手机用户提供网上新闻服务；

2000 年，法新社成立多媒体研发部门；

2000 年 7 月，法新社推出动画图表服务；

2001 年 7 月，法新社推出网络视频制作服务；

2003 年，法新社与美国知名图片社盖帝图像进行合作；

2005 年，法新社实现通过智能手机的前身 PDA（Personal Digital Assistant）传输照片；

2006 年，法新社推出了首个多媒体编辑系统，可优化订阅和客户端的管理；

2006 年 2 月，法新社与日本软银集团共同投资建立了交互式日语网站，形式类似于博客和 BBS 论坛；

2007 年 2 月 13 日，法新社推出面向广播公司、互联网服务提供商和手机运营商的国际视频新闻服务，名为 AFPTV；

2007 年 3 月 3 日，法新社与 Zoom.in 达成了视频节目销售协议；

2007 年 4 月 6 日，法新社与谷歌达成授权协议，允许谷歌在新闻或其他服务中使用法新社的新闻和图片等内容；

2007 年 6 月 4 日，法新社与商业图片提供商 Pictopia 建立合作关系，使法新社的图片销售不再局限于媒体和组织，而是面向个人；

2007 年 7 月 6 日，法新社加入全球网络内容网站 Mochila。通过该平台把西班牙语内容发布到北美地区；

2007 年 7 月 25 日，法新社与数字媒体发布平台 ClipSyndicate 签订内容合作协议，通过 ClipSyndicate 网站把 AFPTV 的内容传递到数千家网站；

2008 年，法新社与新闻集团（News Corporation）旗下的美国财经类信息出版公司道琼斯公司进行合作，并为道琼斯通讯社（Dow Jones Newswires）提供综合及政治资讯；

2008 年 2 月 5 日，法新社加入新闻数据服务联盟；

2008 年 2 月 13 日，法新社与 MobileScope 公司合作提供移动即时新闻服务；

2010 年 9 月，法新社推出全球首个高清视频新闻服务；

2010 年 10 月，法新社推出法文和英文的官方法新社脸书页面；

2012 年 4 月 18 日，法新社启动新网站 www.afp.com/en；

2012 年 5 月，法新社 AFPTV 首次直播第 66 届戛纳电影节的现场视频；

2012 年 7 月，法新社推出新的生产和分销系统——Iris；

2014 年 4 月，法新社多媒体平台 AFP Forum，整合了文本、图片、视频数据库；

2015 年 10 月，法新社宣布与欧洲电视网达成合作协议，推出一个名为"我的世界记者"的新服务；

2019 年 6 月 27 日，法新社 AFP Agenda 上线。

第二章 美联社数字化转型发展研究

第一节 美联社概况与数字化发展历程

美联社作为一家拥有百年历史的世界性通讯社，于20世纪90年代末便已开启数字化转型探索，也是最早将人工智能技术引入新闻信息生产流程的通讯社之一。历经20余年的探索，美联社已经形成极具自身特色的数字化发展模式。在媒介融合步入智能化转型新阶段的背景下，美联社的数字化发展经验对于其他媒体探寻智能化转型路径极具参考价值。

一、美联社简介与现状

美国联合通讯社（The Associated Press，AP）简称美联社（见图2-1），是美国最大的通讯社，也是全球知名的世界性通讯社之一。美联社成立于1846

年 5 月，由《纽约先驱报》《纽约太阳报》《纽约论坛报》《纽约商业日报》《快报》《纽约信使及问询报》联合组建，以新闻共享、费用共担为原则在墨西哥战争期间向美国各地传送新闻报道。

图 2-1　美联社标识

　　不同于其他世界性通讯社，美联社在成立之初是一家"非盈利"性质的、合作性质的通讯社。如果说路透社和法新社是将新闻直接出售给客户，那么美联社的非盈利性则体现在将新闻"无偿"提供给自己的会员。美联社会员机构虽可以免费获取稿件，却需要分摊美联社的运营费用，这也就是美联社早期运营模式中"合作性"的体现。美联社最初的稿件供给范围单一，只面向美联社会员提供服务。1857 年以后，美联社逐渐拓宽自身业务范围，开始向美联社会员以外的各地报业团体供稿。第一次世界大战以后，美联社更是凭借其突出的新闻业务能力实现快速发展，逐步打开海外市场。以先进技术为支撑，美联社得以为全球用户提供广泛而快速的新闻资讯服务，服务种类涵盖文字、照片、视频和广播新闻等❶。

　　现今，美联社在拓宽自身业务涉及范围的同时进一步有针对性地细化部门分工，完善组织内部结构，以更好应对分众化服务趋势。美联社内部主要实行以新闻编辑室为主导的部门集中化管理，总编室下辖编辑部门，包括国际部、

　　❶　AP. AP plans to move headquarters to lower Manhattan [EB/OL].（2015-08-26）[2019-12-23] .https：//www.ap.org/press-releases/2015/ap-plans-to-move-headquarters-to-lower-manhattan.

对外部、经济新闻部、体育新闻部、图片新闻部、广播新闻部、特稿部等（见图 2-2）。

图 2-2　美联社新闻编辑室部门架构

美联社官方数据显示，今天的美联社在全球范围内拥有 243 家新闻分社，在 121 个国家设有办事机构；在 100 多个国家 / 地区的 250 多个地点开展新闻业务，报道战争和冲突事件；并与 1700 多家报纸、5000 多家电视和广播电台建立了合作关系，在全球范围内拓展业务版图。作为独立的非营利性的新闻合作社，美联社平均每日产出 2000 多条新闻，年均为用户提供 70000 多条视频以及上百万张的照片服务，受众群体人口覆盖率达世界人口总数的二分之一。全社工作人员约 3000 名，其中新闻专业生产人员占比接近三分之二，共有编辑、记者 1600 多人。在世界品牌实验室发布的 2019 世界品牌 500 强排名中，美联社位居第 199，为排名最高的世界性通讯社，由此显现出"美联社"作为世界一流通讯社的品牌价值。

二、美联社融合发展进程

美联社一直保持着对互联网、移动互联网、VR、人工智能等前沿技术和融媒时代传播领域的发展动态的密切关注，积极进行数字化、智能化转型探索，不断调整自身发展战略，致力于打造全媒体传播生态体系。

从历史维度来看，从 20 世纪 90 年代至今，美联社数字化发展历程可按其阶段性战略规划的调整为主要标志划分为 3 个阶段。第一阶段是美联社的 10 年数字化初探，这一阶段美联社为应对新媒体冲击，提出"数字美联"发展战略，全面建设互联网部门，开展数字化基础服务；第二阶段是美联社的 6 年媒介融合实践，这一阶段美联社顺应"互联网+"的新形势，不断发展创新，在空间、管理、采编和发布等多层面进行媒体融合实践，打造移动新美联；第三阶段是 2013 年美联社迈入人工智能时代以来的"AI+"智能转型探索，这一阶段美联社制定了新闻智能生产的 5 年战略规划，将智能机器的应用作为重要的战略发展方向，旨在通过发展自动化新闻写作以提高新闻生产效率，推动智能化转型浪潮下美联社人工智能与新闻生产的"联姻"进程。

（一）"数字美联"的数字化初探（1995—2005 年）

20 世纪 90 年代末，新媒体以破竹之势不断涌现，互联网的发展在提升传播速度的同时使得新闻发布周期大幅缩减，传播范围成倍扩大，新闻生产和传播的主体持续增加。传统通讯社以面向媒体客户为主的信息服务模式遭遇挑战，新闻分发、传送体系也显现出滞后、迟钝等一系列问题。在此背景下，美联社开启了第一个阶段的数字化探索。

这一阶段，美联社尝试通过开辟多样化的在线服务发掘新的业务增长点。1995 年，美联社开始发展网络业务，次年推出了为美联社成员服务的新闻网站"连线"（The Wire），提供实时更新的在线多媒体新闻服务，实现了美联社全部报道的一站式查询❶。同年，美联社为英国广播公司开发出连接文字新闻、

---

❶ 唐润华，吴长伟，文建. 传播能力再造：新媒体时代的世界性通讯社 [M]. 合肥：安徽大学出版社，2012.

音视频新闻的编辑部电脑系统——电子新闻采编系统（ENPS）❶。2000 年，美联社成立"美联数字"新部门，专门面向网络媒体提供多媒体产品，内容涵盖新闻、时政、体育、财经及娱乐各个方面。

美联社还与真实网络公司联合推出为媒体网站服务的即时音像新闻业务——美联流媒体新闻（AP Streaming News），使得媒体用户能在最小人力和技术投入增长幅度下实现自身网站多媒体化。2003 年，为进一步适应媒介市场从 PC 端到移动端的转向，美联社推出针对移动端的 AP Exchange（现并入至 AP Newsroom）和 Project Uno。美联社在这一时期还研发了一系列具有代表性的数字化产品，如美联社图片桌面（AP leaf picture desk，1990）、在线电视图表档案美联社图表银行（AP graphics bank，1991）、一键式发送数字化广告的广告传输网（AP Adsend，1994）和面向网络用户售卖内容的数字美联社（AP digital，2000）等❷。

为了适应业务的数字化转型趋势，美联社对内部体制也做出了相应的革新。2004 年，美联社聚合各生产部门，成立了以"互联网 +"思维为核心的新闻中心管理部门 Nerve Center，并进行相应的管理机制变革，以实现生产流程的全面数字化。同时，美联社进一步将数字内容业务拓展至视频领域。2005 年，美联社开通在线视频网 AP Online Video Network；次年又与微软 MSN 合作，向 450 家签约会员网站推出重大新闻视频服务。

起始于 1995 年的 10 年数字化探索，美联社研发出一批适应于当时互联网新闻发展态势和需求的新媒体产品，建成了美联社多媒体数据库。经过这一阶

---

❶　AP. ENPS [EB/OL]. （2013-09-13）[2020-02-20]. https：//www.ap.org/enps/meet-the-team.

❷　唐润华，吴长伟，文建 . 传播能力再造：新媒体时代的世界性通讯社 [M]. 合肥：安徽大学出版社，2012.

段的改造，美联社所有资源，包括历史性的记录都成为互联网中的数据，一切在线可查、在线可用，实现了美联社数字化的初步设想。这些具有针对性的、以解决传统通讯社运营模式发展困境、发挥通讯社优势为目标的产品设计思路也成为其后数十年间美联社探索融合转型解决方案的重要思路，为美联社的可持续发展奠定了重要基础。

（二）"移动美联"的媒体融合实践（2006—2012 年）

2006 年，美联社在经历了 10 年的探索与积累后，开始实施其数字化转型过程中最重要的战略规划——电子美联计划（EAP）。该计划的目标是通过实施一系列的系统整合，实现整个通讯社在中央数据管理系统的控制下，完成包括数据采集、数据分析、数据存储、数据发布、数据备份等全系列的数字化过程，从而最终实现美联社的数字化。在电子美联计划的整体框架设计下，美联社建设了一个基于互联网的、以可搜索性与互动性为特征的、集美联社所有内容于一体的多媒体数据库。

与此同时，美联社对移动互联网、社交媒体等传播新趋势也呈现出敏锐的察觉力和迅速的行动力。美联社以社交媒体、视频直播平台为依托，进行基于新技术、新平台的新闻生产创新与体制革新，打造面向移动互联网和移动终端需求的"移动美联"，使得美联社在新闻市场在从互联网向移动互联网转型的又一个关键节点中把握了先机。

在新闻业务创新方面，美联社不仅以社交媒体为平台开展了互动式新闻业务，还借助直播平台开展了视频新闻直播业务。2007 年，美联社将新闻业务拓展至游戏领域，嵌入网络游戏 WII，为其提供 5 种语言新闻服务[1]。2008 年，

---

[1] 唐润华，吴长伟，文建. 传播能力再造：新媒体时代的世界性通讯社 [M]. 合肥：安徽大学出版社，2012.

美联社首席执行官汤姆·柯里宣布成立手机新闻平台——美联移动新闻网。作为美联社全数字平台移动化转向的第一项产品，移动新闻网为美联社成员报社提供了进入移动互联时代的快捷渠道，在实现美联社自身发展的同时发挥了带动成员媒体协同融合转型的作用。同年，美联社在视频社交媒体平台优兔开通专属频道，开启了传统通讯社"社交化"转型探索的新阶段，进一步丰富了新闻信息内容的传播逻辑、传播路径及与用户的接触方式。

（三）"自动美联"的智能化转型变革（2013 年至今）

2016 年，美国未来今日研究所（Future Today Institute）发布技术趋势报告，对各项技术的未来发展前景进行评估。在研究结论中，人工智能技术居于首位。报告提及，在人工智能技术影响下新闻生产从数字化迈向智能化的必然趋势，宣告智能传播时代的到来。[1] 事实上，美联社在 2013 年便开始尝试将人工智能技术运用于新闻实践，并不断拓展其在新闻生产、分发等环节的应用场景，是当前全球传媒业智能化发展新阶段中先行、先试的代表性机构。

2014 年，美联社与 Automated Insights 公司合作，采用当时世界上仅有的自动化撰稿程序 WordSmith 进行自动化新闻实践实现自动化新闻写作，成为全球首批将人工智能技术应用于新闻生产的媒体机构。通过利用 AI 的自然语言处理能力将结构化的数据转化为可供人们阅读的叙述性文本，美联社的稿件产量较人工生产提高了 11 倍之多。2015 年，美联社制订了包含新闻生产智能化的 5 年战略规划，内容包括在文本摘要、图像识别、实时视频转录和用户生成内容验证等阶段引入新兴技术实现编辑任务自动化，重塑新闻生产流程；利用以自动化技术为基础的 WordSmith 平台对来源多样的海量数据进行规模化、高

---

[1] Future Today Institute 2016 Emerging Tech Trends [EB/OL]. （2016-11-12）[2019-10-20]. https://futuretodayinstitute.com/.

效化处理，深度挖掘信息价值，进而通过机器人写作自动化生成新闻内容，提高标准化新闻的生产效率；根据对用户数据的分析进行智能化、分众化的精准分发，以实践先行为通讯社探索智能化转型发展的可行路径。

2016年，美联社为打造通讯社的全媒体采集终端，实现对突发事件的视频采集进一步提升自身视频业务水准，开始在内部推广由Bambuser开发的专属移动客户端——Iris Reporter。美联社记者可以通过Iris Reporter直接将用智能手机拍摄的直播内容传输到AP Live Choice。在此基础之上，依托Iris Reporters具备的"移动端—平台端"传输技术，美联社视频直播不再受限于设备等硬件条件，实现随时随地发现新闻、直播新闻，从而增强了美联社新闻供给的时效性，也实现了新闻采编设备与环节的双重减负。同年，美联社在推出"360度全景视频"服务的同时与芯片制造商AMD建立合作关系，率先将VR技术应用于新闻报道和实际业务中。

2018年8月28日，美联社与区块链平台Civil媒体公司达成合作协议，一方面，美联社授权Civil平台的所有新闻编辑室使用其内容；另一方面，双方协议共同开发区块链技术，追踪美联社内容传播动向，并严格执行内容许可权，实现维护内容版权和拓展客户的双重战略目标❶。美联社与data.world公司合作进行数据挖掘，建立分享平台，实现数据新闻之下的深层数据本土化。

在智能化转型的过程中，美联社在借助新兴技术重构新闻生产流程的同时，还积极研发新形态平台类产品，探索智能化管理模式。在延续既有的新闻编辑室中心管理模式基础上，美联社电子新闻采编系统设计并发布了一种新的编辑计划系统——同时面向客户和通讯社内部使用的AP Playbook。该系统不仅帮助新闻编辑室更有效地管理报道计划和任务，还能为用户提供查看美联社

❶　AP. Annual report 2018 [EB/OL]. （2018-12-31）[2019-12-23]. https：//www.ap.org//AP_annualreport_2018.pdf.

报道的内容的便捷操作界面❶。

2018 年年报数据显示，美联社 2018 年科研投资项目大幅增加，媒体收入也获得同步增长，达到 5.184 亿美元❷，连续第六年实现了无债务，由此体现出美联社一系列智能化转型举措对机构市场竞争力的拉动效应。

第二节　美联社数字化转型路径与代表性产品分析

一、美联社数字化转型路径分析

纵观美联社数字化转型历程的 3 个阶段，可以看出，美联社数字化转型并不限于新闻生产工具和平台的建设层面，而是从美联社总体机构布局、自身管理机制、信息采编发布全流程等多层面出发进行的系统性数字化转型探索。

（一）数字化转型背景下美联社的新闻生产流程重塑

1. 基于全媒体思维的新闻生产流程重构

美联社作为最早利用人工智能和自动化技术来加强其核心新闻报道的新闻机构之一，从 2013 年开始将人工智能技术引入至新闻生产，尝试重构通讯社内部新闻生产流程。

---

❶ AP. Annual report 2018 [EB/OL].（2018−12−31）[2019−12−23]. https：//www.ap.org//AP_annualreport_2018.pdf.

❷ AP. Annual report 2018 [EB/OL].（2018−12−31）[2019−12−23]. https：//www.ap.org//AP_annualreport_2018.pdf.

新闻采集方面，美联社部署了各种新闻搜集工具，包括使用自然语言处理技术来扫描和分析社交媒体供稿，实现对信息的深入挖掘；新闻制作方面，美联社使用机器人及自动化技术，简化工作流程，将美联社记者从简单的初级工作中解放出来，使他们能够专注于专业要求更高的工作；新闻分发方面，美联社通过图像识别来优化内容分发流程，创建了新闻行业第一个由编辑驱动的计算机视觉分类法，大幅度节省了新闻分发的时间。

同时，美联社将全媒体思维导入机构的日常运行，从新闻策划到团队分工再到终端呈现的每一个环节，都将传统媒体和新媒体的传播方式、终端适配和用户的接触习惯等因素考虑在内。在进行新闻策划时，美联社以多媒体形式为依托，以全球新闻信息生产能力为核心，通过不同部门之间的线上线下联合策划会和每日选题会，在所有记者之间共享新闻线索、创意和资源，提高新闻策划效率；在新闻采访环节，针对重要新闻，美联社通常会派出由文字记者、摄影记者、电视记者组成的三至四人报道团队，在第一时间完成文字、图片、视频等所有高质量素材的采集。美联社在完成提供高水准的文字报道的深度和第一现场的视频报道的同时，还提供数字化的、可供编辑的、可通过转换适应多渠道、多终端格式的"可变性"报道和素材，从而实现一次投入、多次产出的高效率新闻生产，也为客户提供了更多可选择的个性化操作空间；在新闻编辑层面，美联社全媒体新闻编辑室各部门共享新闻产品，且新闻产品之间可以进行形式、格式的相互转化。例如，通过文字记者与电视记者之间的新闻素材和成品共享，文字记者便可以在视频新闻素材的基础上进行稿件写作，电视记者也可以直接从文字记者的稿件中选取合适的内容作为视频新闻的字幕或配音稿件、文字说明等。这一方式大量减少了同一机构内部新闻生产的重复劳动，有效实现了内部人员的协同工作和资源整合。

2.技术驱动下新闻发布平台的变革

美联社于 1996 年推出的连线是当时最早的网络平台多媒体发布终端，可以供用户实现一站式查询，有效地提高了资源的重复利用率与易得性。2003年，随着美联社电子美联计划的提出和实施，AP Exchange 逐渐成为美联社及其遍布全球的数千家合作媒体共同使用的新一代多媒体新闻发布终端。美联社订阅用户可以用任意一台电脑登录 AP Exchange，查看并使用美联社的文字、图片、广播、电视新闻稿件。2016 年，美联社上线适应移动互联网特点的最新发布平台"一号计划"（Project Uno）。通过"一号计划"，美联社的订阅用户可以使用手机和平板电脑等移动电子设备随时随地查阅并使用美联社所有全媒体稿件，进一步打破信息分发的时间和空间限制。

3.用户需求驱动下的视频直播转向

自 2003 年推出 AP Direct 以来，美联社一直是交付实时资讯内容的市场领导者。2012 年，美联社的在线视频交付平台 AP Video Hub 启用。该平台为用户提供了可供访问的视频直播内容频道。2013 年，美联社委托 PQ Media 进行全球受众需求调查。该机构根据调查结果预测：全球受众对新闻内容的总量的需求将在 2017 年开始逐渐下降。与此同时，受众对视频新闻报道的需求则将逐渐增加，新闻现场的视频直播报道愈发重要❶。根据此项结论和预测，美联社迅速进行战略调整，加大对视频直播领域的投资，在全球范围内开设视频直播网站，以提前布局应对用户视频新闻资讯需求的变化。此前，美联社直播内容频道仅对数字出版商开放，但随着全球受众对实时内容的需求不断增加，美联社计划增设面向全球受众的全球或地区性活动的现场直播，扩充对实况

---

❶ 朱佩 . 美联社全媒体新闻生产的探索与启示 [J]. 传媒观察，2016（2）：62–63.

新闻报道的数量和内容❶。数据显示，美联社在 2013 年第四季度共直播 39 次，2014 年第四季度的直播数量则增加到 125 次。2015 年，美联社开始实现四路直播同时进行，进一步提高直播频次，增强了美联社视频用户黏度。2017 年，美联社的直播内容已经涵盖突发新闻和预定新闻以及计划中的现场活动等多项内容，并在脸书直播（Facebook Live）上完成了对华盛顿访谈系列内容和伦敦恐怖袭击事件的直播。到 2018 年，美联社直播视频已经覆盖了 7750 多个现场活动，直播时长达 11000 多个小时。美联社不断增加的视频直播内容在为全球新闻编辑人员提供即时、丰富的内容素材的同时，还抢占了"视频直播"这一数字化新兴业务领域的发展先机，进一步丰富了美联社的数字化产品形态。

（二）数字化采编时代的机构布局调整

迈入数字化时代后，为适应数字化转型，打造数字时代的全媒体平台，美联社对机构布局进行了一系列重大调整，其中"空间改造"是较有特色的策略之一。该策略以集中空间为核心逻辑，通过总部迁址、分社融合、建立新闻编辑室等方式对通讯社的空间布局进行改造，实现生产和管理的集中化，同时改变从业人员彼此业务分割的局面，加强各部门工作人员的沟通交流，进一步实现全媒体新闻生产所要求的融合式运作。

1. 纽约总部迁址

2004 年，美联社纽约总部搬入位于曼哈顿西 33 街的新大楼，全社的文字、图片、音频、视频新闻记者、编辑得以在同一办公空间工作。此举的目的在于为记者、编辑等不同岗位的员工创造更多非正式的、面对面的交流机会，使之能够及时交流创意和想法，减少机构内部信息交流的中间环节，加强部门之间

---

❶ AP raises the standard in live video for customers [EB/OL].（2015-09-01）[2020-02-19] https://www.ap.org/press-releases/2015/ap-raises-the-standard-in-live-video-for-customers.

的联系。总部部门的空间集中也使得跨媒体平台的协同工作变得更加便捷。记者或编辑能够在全社体系内为任何有需要的部门提供支持和服务，而不再被限制在分隔化的部门空间中。实体办公空间的重塑为美联社全媒体记者的发展和全媒体平台建设创造了可能性空间。

2. 分社融合

2007 年，美联社先后对华盛顿分社和北京分社进行了空间改造，拉开了分社空间融合的大幕 ❶。分社融合、延续总部迁址的思路，打造集中式办公空间。以北京分社为例，美联社将此前位于北京建国门外外交公寓的北京分社新闻编辑室迁入位于建国门外大街的双子座大厦，打破此前文字记者在一个房间，图片记者在一个房间，而电视记者则在另一栋公寓楼内的部门分散局面。新的北京分社办公空间将新闻、图片、电视和多媒体功能融入一个整合型的新闻工作室，使新闻工作者能够提供从报纸到多媒体的多种形式的新闻，也使得美联社北京分社的文字部门、图片部门、电视部门和全球媒体服务（GMS）部门的工作人员聚集到同一空间内，开启了数字化全媒体新闻采编时代。

3. **新闻编辑室的再集中**

美联社副总裁兼新闻总编凯瑟琳·卡罗尔（Kathleen Carroll）在 2015 年到访北京分社时，决定以北京为试点，打破传统的按部门划分办公室区域的做法，变革现有空间格局 ❷。当时的美联社北京分社尽管已经实现记者、编辑的集中办公和数字平台的搭建，但仍是以部门和工位区隔划分记者办公空间，也隔断了记者彼此之间的联系，不同部门记者间的交流更多是依赖电子邮件。重新调整后的新闻工作区以工作需求为逻辑安排办公空间。例如，让需要在一起

---

❶ 朱佩. 美联社全媒体新闻生产的探索与启示［J］. 传媒观察，2016（2）：62-63.

❷ 文建，陈怡. 西方三大通讯社采编力量、人员队伍结构的变化与启示［J］. 中国记者，2017（5）.

工作的文字、图片、视频记者、编辑相邻办公，随时可以面对面进行语言、文字等多样化的交流，此举在增进员工对不同岗位工作方式、流程了解程度的同时，使全媒体的需求和传播思维自然而然地从新闻策划阶段导入整个新闻活动的流程之中。

（三）数字化转型背景下美联社的管理变革

1. 成立 Nerve Center 统领全媒体新闻采编

进入数字化转型时期，美联社在管理机制上实行的一个重大变革是在纽约总部成立新的中心管理部门 Nerve Center，中心负责人直接向美联社总编辑汇报。美联社通过 Nerve Center 平台获取用户建议，掌握客户需求，并自动从社交媒体上获取新闻线索与新闻素材，根据收集到的用户需求和新闻信息有针对性、有导向性地指导美联社全媒体平台制作新闻产品，智能化管理有效地提高了管理精度和效率，规避了管理部门职责交叠和管理制度冗杂低效等缺点。

Nerve Center 与遍布全球的区域中心的编辑在各个领域进行全面对接合作，成为美联社全球新闻的总指挥部，也为有需要的团队或项目协调资源支持。例如，2016 年，美联社发现应加强对美国涉及种族和民族问题的关注，随即在全国范围内组织各地的记者、摄影师、摄像师及其他工作人员对相关问题和事件展开研究、调查和报道。这一系列新闻活动由总部的种族与族裔编辑索尼娅·罗斯（Sonya Ross）负责，并由 Nerve Center 委派专人对从企划到执行的过程提供全方位协调和支持。美联社执行编辑萨莉·布兹比（Sally Buzbee）表示，"Nerve Center 位于美联社全球接入点的交汇处。在这里，我们的客户提出了他们的问题和需求，这是协调我们众多部门和地区分支机构的关键。展望未

来，这里也将成为我们推动创新的重要组成部分。" ❶

2. 实行涵盖全媒体内容生产的新闻总监负责制

美联社在数字化转型实践中创设了新闻总监（News Director）这一全新职位，用以取代原来的分社社长职位，并设立区域新闻总监职位。2013 年，资深电视制片人迈尔斯·埃德尔斯滕（Miles Edelsten）出任美联社北京分社第一任新闻总监，对中国地区的所有形态内容产品负责，向亚太地区新闻总监（Asia-Pacific News Director）汇报。到 2016 年，美联社的全球主要分社全部完成由新闻总监取代分社社长的职位和分工调整。

这也是一次分支机构业务管理逻辑的重新梳理。按照新闻总监职级关系设计，各国家和地区分社新闻总监负责其管辖范围内所有文字、图片、视频和互动新闻的整合领导工作；国家和地区的新闻总监向区域新闻总监汇报，各区域新闻总监则直接向美联社副总裁兼全球视频总监汇报。2016 年 12 月，迈克尔·魏森斯坦（Michael Weissenstein）被任命为加勒比地区新闻总监，负责整个加勒比地区包括波多黎各、海地、多米尼加共和国、牙买加以及南美洲北端的苏里南、圭亚那、法属圭亚那在内的 15 个以上国家和地区的所有格式的内容生产，他也成为该地区全媒体、多格式新闻合作运行最重要的协调人。可见，通过在全球范围内对领导层进行重组，开设区域新闻总监职位，美联社进一步优化了分支机构的管理结构和区域布局，实现以"多媒体思维"统领所有新闻产品的策划、采访和发布，把握分社新闻产品深层次的整合。

3. 打造全媒体人才队伍

美联社数字化转型的核心目标就是转型成为全媒体新闻机构，而全媒体时

---

❶　Veteran editor Barrett appointed head of AP's Nerve Center[EB/OL].（2017-05-09）[2020-08-18].https：//www.ap.org/ap-in-the-news/2017/veteran-editor-barrett-appointed-head-of-aps-nerve-center.

代最需要的便是了解受众需求、具备专业素养、掌握多样化采访报道技能和新闻生产能力的专业人才。美联社不仅在人员选聘时重点引进全媒体采编人才，还通过实习生计划和在岗人员培训的方式打造自己的全媒体人才团队。

美联社的新闻实习项目常年面向在读大学本科生及在读全日制研究生开放，旨在为有志成为全媒体新闻工作者的学生提供个性化的培训。实习生会被分配至美联社的各个岗位上进行业务培训，包括娱乐、体育、数据新闻及摄影录像等多个领域，由正式职员帮助培养实习生采访、报道突发新闻及分发数据等能力。实际上是将潜在员工的岗前培训和见习阶段提前至他们的学生阶段。

在职员工团队方面，美联社主要通过内部培训和促进新闻、业务运营、技术3个主要部门之间的合作增进员工的全媒体素养。例如，通过培训和实际合作，让文字记者了解并学会摄影、摄像技能，使一线采编人员全体具备新闻现场的多媒体素材发现、捕捉和采集能力。同时，美联社也提高了每个一线岗位员工对原有系列各个环节的操作能力的要求。例如，视频记者需要精通从新闻采集到编辑、发布的各个制作环节，具备独立完成全部工作的能力。2020年，美联社开始为全球范围内涉及视觉新闻采集的员工配备全系列的索尼影像产品。这是美联社历史上首次为视频记者、摄影师配备相同品牌的摄像机，目的在于使新闻社的记者之间可以共享相机、镜头，以及他们捕获的图像，进一步降低内部培训成本和新闻生产协作的限制（见图2-3）。❶

---

❶ AP to equip all visual journalists globally with Sony imaging products[EB/OL]．（2020-07-23）[2020-10-20]．https：//www.ap.org/press-releases/2020/ap-to-equip-all-visual-journalists-globally-with-sony-imaging-products．

图 2-3　美联社记者使用多媒体设备报道

二、美联社数字化转型发展策略

（一）深化"互联网思维"，推进智能技术的应用，重塑新闻生产流程，丰富产品形态

从移动互联时代迈向智能媒体时代，美联社新闻生产及产品开发对于互联网思维的引入也经历了由浅及深的渐进式过程。特别是进入智能化发展阶段以后，"互联网思维"已经被深入整合到美联社的发展思路和日常运行之中。美联社在新闻的采写编评和推送之全流程中引入大数据分析、算法智能推荐、云服务分发等智能技术，与此同时不断丰富优化创新产品形态，包括推出美联社数据新闻、美联社电子新闻采编系统、美联社视频网站、美联社 VoteCast 民意调查服务及美联社图库、美联社直播等多种新形态产品。

1. **自动化新闻数据采集**

美联社在数据资源采集部分运用了 Automated Insight 公司研发的以自动化技术为依托的 WordSmith 平台，优势在于能够接受任何形式的数据，包括谷歌分析等第三方提供的报道和业绩等各种数据，具有较强的兼容性，并且能够对海量且多样化的数据来源进行快速、规模、高效化处理，体育赛事成绩、企业财务数据等标准化快讯则能够由写作机器人直接提取生成，由此大幅提高了美联社的发稿能力和效率。

此外，美联社于 2016 年与 Graphiq 技术公司正式达成合作，以增加美联社交互式新闻的数量和种类。作为全球最大的可视化数据库，Graphiq 公司拥有 30000 多个权威数据源。双方达成合作后，美联社将 Graphiq 的可视化数据运用到自己的新闻报道当中或直接供美联社用户使用，以帮助其在线读者对新闻获得更为深入及清晰的认知。

2. 智能化新闻内容制作

美联社借助 WordSmith 平台，通过算法运算生成可视化报道并使用云服务技术实现实时发布，因此美联社发布上市公司财报新闻的时效性远超其他媒体，极具竞争优势。目前 WordSmith 平台还为美联社提供了整合数据库知识发现（KDD）和自然语言处理等方面的关键技术，可以帮助美联社新闻内容实现数据与图表间的智能转换，根据自然语言分析技术对数据进行故事化处理，进而将数据自动转换为图表，最终呈现出可视化数据新闻。在与 WordSmith 平台的合作中，两个机构不断推进机器人写作的创新研发，使得该平台的应用超越"数据处理"的范畴，进入"人工智能生产"的范畴，对数据信息价值进行更为深入的挖掘，全面提高了人工智能新闻内容制作的精准性。正如美联社新闻编辑室合伙人吉布斯所言，这些机器越聪明，就越有能力成为自己的内容生产者。

3. 精准化新闻内容推送

在信息服务个性化发展的背景下，具化目标用户成为有效提高市场竞争力的途径之一。这要求媒体与用户进行更为精准的匹配，并能够生成智能标签聚合特定用户群体从而进行精准化信息推送。

为适应用户需求变化，美联社与 2000 多家媒体展开合作，加入 News Republic 新闻聚合平台实现数据共享，通过对数据集中进行分析处理和价值的深入挖掘，实现为用户智能化分配标签的目的，并找到用户感兴趣的相关原创内容自动生成新闻头条，从而达到提高用户信息获取效率，提升用户阅读体验的目标（见图 2-4）。

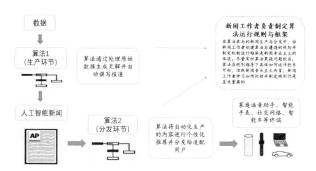

图 2-4　美联社算法参与下的新闻生产与分发流程

（二）强调技术的应用，拓展智能化传播渠道，积极打造联动传播矩阵

早在 2016 年，VR 技术刚刚崭露头角，美联社就与芯片厂商 AMD 合作推出虚拟现实和 360 视频频道，涉足沉浸式新闻领域。美联社互动和数字新闻制作总监保罗·陈（Paul Cheung）表示，每种新的出版技术都重新发明了我们体验新闻的方式，而 VR 通过将我们沉浸在故事中，带来了新一轮革命。通过与 AMD 的合作，美联社将利用他们在图像渲染和图形技术方面的专业知识来增强和增强 VR 新闻体验。❶ 美联社首先推出的虚拟现实产品是对美国肯塔基洲

---

❶　AP launches virtual reality and 360 video channel in collaboration with AMD[EB/OL].（2016-02-17）[2020-09-20].https：//www.ap.org/press-releases/2016/ap-launches-virtual-reality-and-360-video-channel-in-collaboration-with-amd.

世界港口作业的 360° 全景观察和有关法国加来移民难民营的第一份虚拟现实报告。

进入智能媒体时代以后，美联社更加注重对技术的应用。美联社不仅在内部引入用于文本摘要、图像识别、实时视频转录和用户生成内容验证的新技术，还在更大范围内与其他科技公司开展合作，共同开发以智能技术为依托的新型软件、平台，拓展智能化传播渠道，打造全方位立体多元化的传播矩阵。近年来，美联社已经实施的重点研发项目包括推出 Playbook 编辑计划解决方案，与 Arkadium 进行合作将 InHabit 人工智能工具集成到美联社的体育数字新闻体验之中；研发 AP Storyshare，使得新闻机构共享美联社报道内容和报道计划，实现彼此之间的高效协作并促进美国新闻业的发展。❶

另外，美联社构建社交媒体传播矩阵的实践经验也被视为传统世界性通讯社利用社交媒体拓宽传播渠道的经典案例。美联社在不同的社交媒体上开设了发布不同类别、语种、区域、主题内容的多个主题账号，除美联社 AP 主账号之外，分别于脸书和推特上开设了 10 个和 24 个不同类别的分支账号，内容涵盖美联社新闻产品涉及的所有领域。通过构建新媒体账号传播矩阵，美联社既能够发挥作为知名通讯社的品牌效应，又能够满足细分化受众的内容需求，更重要的是寻求到了直接与年轻群体进行互动的新方式。美联社的社交媒体账号均由专门的团队负责运营，除了在第一时间上传最新新闻信息外，运营团队还会通过与用户、关联账号互动等方式进行社区运营，开展协同传播。

❶ AP. Annual report 2018 [EB/OL].（2018-12-31）[2019-12-23].https：//www.ap.org//AP_annualreport_2018.pdf.

（三）坚持以用户需求为导向，对传统资源再开发，加深外部合作实现双赢

进入数字化时代以来，包括法新社在内的多家以报社为主要客户的传统通讯社都先后遭遇了经营困境，但美联社的收益维持在良好水平，2012—2018年连续实现无债务经营。这得益于美联社始终坚持以市场需求为导向，充分运用大数据等数字化技术深度挖掘市场需求，谋求内容、技术与市场的深度结合，促进盈利模式的数字化转型。

1. 以市场需求为导向大力推进视频业务

年报财务数据显示，美联社近年来持续对视频服务领域进行大规模投资，包括在第三世界国家建立美联社视频网站基地，扩大美联社视频市场。这一战略决策制定的前提正是深入而广泛的市场和用户调研。其中较有代表性的是 2014 年 9 月美联社与德勤公司合作发布的研究报告《春潮：中东和北非的视频新闻新时代》。该报告显示，中东和北非地区受众每日平均新闻消费时长高达 72 分钟，远高于其他国家；超过 69% 的受访者认为视频是获取真实新闻的最佳途径。❶ 据此，美联社发现了中东及北非地区视频新闻的市场前景，并迅速推出 AP Middle East Extra 服务，为中东地区受众提供国际新闻报道以及全球视频新闻，还进一步增加了对该地区新闻报道的数量和深度。❷ 通过创建这项服务，美联社扩大了视频新闻服务的全球覆盖范围，丰富了中东地区的服务内容，同时也带来了明显的经营收入。得益于视频业务的大力发展，美联社

---

❶ Spring Tide：The new era for video news in the Middle East and North Africa [R/OL]. （2013–04–16）[2020–03–10].https：//www.ap.org/research/video–news–insights/springtide/english.html.

❷ New AP video service meets insatiable demand for news in Middle East. [EB/OL] . （2014–06–16）[2020–02–10].https：//www.ap.org/press–releases/2014/new–ap–video–service–meets–insatiable–demand–for–news–in–middle–east.

在 2014 年实现了 6 年来的首次收入和利润双增长，收入从 2013 年的 5.957 亿美元增长 1% 至 6.04 亿美元，利润也从 2013 年的 330 万美元大幅上升至 1.409亿美元，达到 2009 年以来的最高水平。❶

2. 基于数字技术的传统资源价值再开发

数字技术的导入为美联社一百多年来积累的大量稿件、素材等传统资源带来了价值再开发的宝贵机遇，也成为数字化时代美联社新的利润增长点。

美联社在历史资料电子化、数字化的基础上，将所有纸质、电子、实物资料进行重新整合归档，并进一步建立可供随时检索、查阅的数据库。其中，视频素材数据库是美联社数据库中最具特色的部分，拥有的电影、视频档案可追溯到 1895 年。对内部而言，这些数据库能够为一线新闻工作者提供丰富的素材支撑；对外部而言，数据库服务成为美联社多元化新信息服务业务的核心竞争力来源。

美联社还在其他非信息服务行业中寻找历史资料价值开发的机会点。例如，美联社与 Kwiztek 游戏公司达成了新型交互式游戏的开发合作协议。在合作中，美联社为 Kwiztek 的创新游戏界面提供超过 150 万个视频内容，其中包括 AP Archive 的录像片段。这些内容帮助 Kwiztek 的新游戏平台为全球消费者和商务用户提供量身定制的视觉体验和品牌、广告、营销内容。

3. 与媒体、机构开展多元合作尝试

美联社智能化转型经验中最为突出的策略便是与技术公司达成合作，共同开发智能技术与平台用于美联社新闻生产与运营管理之中。例如，美联社于 2016 年与 AMD 合作，开启美联社 VR 新闻报道尝试；2017 年与 ExpertFile 合作，将 ExpertFile 的专家目录集成到 AP Planner 之中，进一步提升 AP Planner

❶ AP. Annual report 2014 [R/OL].（2014-12-31）[2020-02-13] .https：//www.ap.org//AP_annualreport_2014.pdf.

性能；2018 年与 Civil 公司达成协议，共同开发区块链技术，对美联社内容版权进行维护；美联社通过开发 AP StoryShare 与地方新闻机构展开与本土新闻的交流合作，使得美联社相对薄弱的"社区新闻"内容得到了有效的填补。

迄今，美联社已与 200 多家企业和机构建立长期合作，合作方式早已不限于资源定制服务或寻求技术支撑，而是走向共同探索跨领域、跨平台解决方案和盈利模式创新的新阶段。

（四）调整内部组织架构，改进人员管理机制，实现智能时代下的程序"减负"与责任"增重"

美联社以"程序减负"为核心理念对生产部门和各地分社做出结构性调整。生产部门方面，美联社主打部门集中式程序减负，早在 2004 年便将文字新闻、广播新闻及视频新闻等生产部门聚合起来成立了适应多媒体发展的 Nerve Center，实行总部门统筹的中心管理模式。在给中心责任"增重"的同时，减轻了多头管理的程序负担，降低了内部协调的效率耗损，也使得全媒体新闻生产模式下各部门任务、权责得以明确。分社融合方面，2007 年，美联社对华盛顿与北京两大全球分社在空间方面进行了改造，打破原本媒体板块分割的运作模式，实行空间成本减负。

在人员岗位设置方面，创新设立"新闻总监"职位体系，并建立从总部中心到区域、分社的垂直化新闻总监汇报机制和责任区域内全媒体产品负责机制。这一人事制度在简洁化新闻产品汇报链条的同时也给新任的新闻总监们进行了权力下放和责任"增重"，要求他们能够在全域、全局、全媒体的思维框架下统领面向所有终端需求的所有新闻产品的生产和传播，推动从所在分支机构内部到全社会媒体新闻的深度整合。

三、美联社产品体系及经营状况分析

美联社产品体系主要分为资讯产品与服务产品两个大类（见图 2-5），旗下又包括十余种特色鲜明的细分产品。随着近年来新技术的不断涌现，美联社对现有产品升级优化和新产品研发的速度也在不断加快。

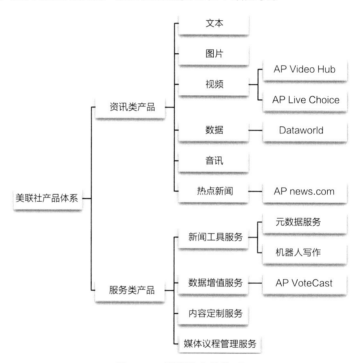

图 2-5　美联社产品体系

（一）资讯产品

作为一家老牌世界性通讯社，美联社的资讯产品种类十分丰富，包括文本、数据、图表、音视频和多媒体等。其中，数据和视频是数字化时代美联社重点发展的特色资讯产品。

目前，美联社平均每天发布 2000 条文本新闻，每年发布 70000 则视频和上百万张图片，还面向美国和国际市场提供高质量的图表产品，代表产品为美联社图表库。美联社代表性音频产品为美联社音频精选，美联社用户可借助此产品随时随地获得美联社全部音频内容。例如，美联社音频服务平台具有快速且适配化的搜索功能，用户可以随时随地按需检索美联社过去 72 小时内的所有原声片段 ❶。

1. 美联社视频产品

近年来，美联社视频业务在总体业务之中占比逐渐提高并获得了高额盈利。目前与视频相关的业务收入在美联社总收入中的占比已超过一半。

美联社视频产品以新闻资讯为主，内容涵盖全球突发新闻、体育、娱乐、科技和财经等几乎全部领域；产品形式主要包括直播、网络视频和视频档案库等。其中，《美联社直击》（*AP Direct*）、《美联社直播精选》（*AP Live Choice*）是美联社的代表性直播产品。进入智能化转型阶段后，美联社通过应用 Iris Reporter，以智能手机替代卫星车直接将直播内容传输到《美联社直播精选》上，进一步提升了美联社直播视频的竞争力。在网络视频方面，美联社建设了网络视频中心 AP Video Hub。该视频中心设计了灵活的功能选项和极简的操作步骤，既是美联社视频资源的集成、播放平台，也是 B2B 的在线视频分发平台，是美联社向分布在世界各地的数字出版商、新闻门户网站和广播公司客户提供视频资源的重要渠道。到 2015 年年末，已有 100 个国家的 350 家网络企业、媒体公司成为美联社视频中心的用户，每日使用时长超过 1 小时。

美联社新闻网以及相应的新闻移动客户端是美联社于 2020 年下半年新上线的新闻网站，主要功能是每日发布全球范围内的热门资讯与最新消息。作为

❶ 张宸 . 百年老社焕发新姿——美联社收入来源及产品服务［J］. 中国报业，2015（5）：78—80.

美联社打造的集成类新闻网站，为使用户获取新闻的方式更加便捷、形式更加多元，美联社新闻网页面主要设置了热点新闻、每日话题、视频新闻和每日电台4个资讯板块，采取日更新频率并以文本、视频与音频3种形式发布全球热门新闻。

世界性通讯社设立新闻网站并不是一个创新的做法，但值得关注的是，此前美联社一直没有上线专门的、公开的新闻发布网站。其新闻资讯和素材主要通过自有数字系统面向以机构为主的订阅用户提供服务，与个人用户的连接则主要通过在各大社交媒体平台设置的官方账号。2020年新冠病毒疫情全球蔓延以来，社交媒体的虚假信息问题日渐严重。联合国教科文组织指出，疫情期间，虚假信息变得"司空见惯"，其重复和放大，将使许多生命处于危险之中。❶ 与专业媒体平台相比，社交媒体平台上的假新闻数量和传播范围更甚，这导致了用户对社交媒体信任度的急剧下降。2020年5月的调查显示，仅有不足30%的公众认为社交媒体是可信任的疫情信息来源，而2019年年末认为社交媒体平台是可信信息来源的公众比例为41%。❷ 另外，电视台、报纸等专业媒体机构的收视率、网络点击量呈现上升态势。在此背景下，对于以专业信息生产为核心竞争力的世界性通讯社而言，仅以社交媒体平台作为面向个人用户传播、沟通渠道的做法显然已经不再明智，建立面向所有类型用户和公众的自有新闻网站也就成为后疫情时代美联社产品结构完善的必要内容。美联新闻网（见图2-6）和客户端的上线也意味着美联社将对个人信息消费需求和新闻事实核查工作给予更多的重视。

---

❶ During this coronavirus pandemic，"fake news" is putting lives at risk：UNESCO[EB/OL]. （2020-04-13）[2020-07-22]. https：//news.un.org/en/story/2020/04/1061592.

❷ Coronavirus：Impact on Media Consumption Worldwide[EB/OL]. （2020-06-18）[2020-07-29].https：//www.statista.com/statistics/1106498/home-media-consumption-coronavirus-worldwide-by-country/#statisticContainer.

图 2-6　美联社新闻网主页面

2. 美联社数据产品

美联社在数据类产品的形式和经营方式方面形成了自己的特色。例如，不同于其他通讯社出售数据库准入权的经营模式，美联社直接向外售卖单独的、可定制的数据库。美联社数据库类目独立且涵盖范围广泛，从调查新闻到预测性财务分析，甚至是选举预测，都可以根据需求为用户提供包含驱动数据、历史数据和机器可读数据的独立数据库。

由数据库进一步衍生出来的是美联社的特色化数据产品——数据新闻。针对数据新闻用户，美联社主要提供 3 个层面的支持。一是数据采集。美联社从公共和特定来源中收集、审核和清理数据，同时向用户提供数字来源的背景，以帮助用户节省时间成本，提高新闻写作的效率。二是数据驱动。用户可使用美联社提供的分析结果作为写作的角度，同时用户可自行创建将文本、图像、视频和交互式内容结合在一起的软件包，软件包均由美联社提供的数据驱动。三是 data.world 访问权限（见图 2-7）。数据新闻用户的订阅中包含 data.world 上美联社专有社区的访问权限。在此平台上，用户可以将美联社数据集导出，并在任意兼容的软件之中进行分析使用，也可直接以 .csv 文件的形式下载数据集。美联社从多种角度为数据新闻用户提供数据支持，在确保信源准确的同时大大提高了用户制作数据新闻的能力和效率。

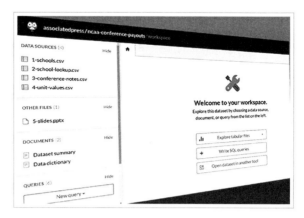

图 2-7　Dataworld 界面示意

　　美国克利夫兰平原经销商编辑兼总裁乔治·罗德里格曾就此表示："美联社数据对于发现我们原本会错过的本地故事具有不可估量的价值。此前，美联社一个数据库显示，在与医院大楼相邻的市中心人口普查区与郊区的富人区之间，预期寿命存在 20 年的差距。由于美联社为此供了数据支持，所以我们只花了两天时间便撰写了这篇文章。之后预期寿命差距成了该地区的热门话题。"

（二）服务产品

　　美联社的服务产品主要分为新闻制作工具类、内容定制营销类、媒体议程管理类和数据增值服务类 4 个主要类别，代表性产品包括自动撰稿的 WordSmith 平台、应用新闻分类法进行自动化工作流程的元数据标记服务、制作定制内容并提供全球发行渠道的 AP Content Services 和管理报道计划的 AP

Playbook，以及基于选举数据进一步开发的选举预测服务 AP VoteCast。美联社通过将定制化、人性化和智能化的服务与其既有资源相整合，在实现资讯类产品的二次开发的同时开创了独具美联社特色的服务产品。

1. **新闻写作平台服务**

前文曾提及的 WordSmith 平台是美联社新闻制作类服务的代表产品之一。机器人写作带来了新闻生产逻辑的变革，精简了新闻生产流程并提高了新闻写作的效率与准确率。美联社与 Automated Insights 合作开发的自动化写作平台 WordSmith，每季可自动生成3500多个公司的财务报道❶，并不断更新最新数据同时进行追踪报道。

为了使机器人写作能够进一步符合语法的规范性，美联社将 WordSmith 平台与《美联社语言风格指导手册》（*AP Style book*，以下简称《手册》）进行了集成（见图 2-8），把《手册》中指明的遣词造句、文章结构等详细要求融入

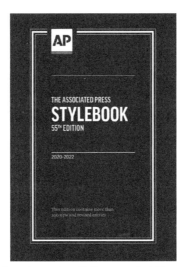

图 2-8　《美联社语言风格指导手册》（第 55 版）封面

---

❶　AP expands Minor League Baseball coverage[EB/OL].（2016-06-30）[2019-11-10].https：//www.ap.org/press-releases/2016/ap-expands-minor-league-baseball-coverage.

机器人写作程序，使之生成的新闻表述更加贴近人工写作的风格，输出的资讯产品更加符合通讯社信息产品的标准。

值得一提的是，为了使《手册》成为全球新闻编辑室、新闻教学以及智能写作机器人学习的依据，美联社自 1953 年发布第一版以来，一直保持了不间断地更新，并加入大量有关数字化时代新闻写作特征的内容。2020 年 5 月发布的第 55 版《手册》中补充了新冠病毒相关的专业术语和有关互联网隐私、移动钱包、智能设备相关的技术术语，印刷版已经厚达 600 多页。在线版的《手册》（*AP Stylebook Online*）除包括印刷版所有内容外，还加入了"咨询编辑"（Ask the Editor）的互动功能，带有语音拼写和音频发音者的发音指南以及有关新闻事件的主题指南。

2. 元数据服务（AP Metadata Services）

美联社的元数据服务是一个将丰富的语义元数据添加到新闻内容的自动化服务系统，通过 AP 分类和标签为新闻内容增值❶。元数据服务主要包括新闻分类法和标记服务两部分。

新闻分类法是针对新闻发布者构建的一套全面的标准化分类体系，而标记服务则是针对新闻内容利用美联社的新闻分类标准和其他新闻中的相关元数据标签进行自动分类的系统。新闻分类法的优势在于能够不断更新。用户可以实时获取最新信息，如若版本更改发布后，新版本即可在 AP News Taxonomy 中获得，省时便利。标记服务的功能则远远超出了单纯的文本提取功能，它是使用人工创建的语义规则来理解新闻内容并确定最相关的概念和主题。这一规则可以更精确地控制服务性能。此外，美联社的元数据服务还具有能够提供基于特定主题的具有针对性的相关新闻产品，能够为读者创造良好的搜索和观看体

---

❶   武国卫. 美联社元数据服务简介［J］. 中国传媒科技，2014（1）：45-47.

验，支持上下文广告，可以使用详细的内容分析来告知编辑报道和计划等特色化功能，为用户的新闻制作创造了更多新的可能性。

3.AP Playbook

AP Playbook 是美联社开发的一种规划性服务产品（见图 2-9），主要面向美联社用户提供相应服务并供美联社内部使用。

图 2-9　AP Playbook 演示界面

AP Playbook 的应用实现了新闻编辑室的移动化和在线化，使得新闻编辑室能够更加有效地计划和管理任务，同时方便美联社用户查看美联社发布的内容。使用者可以通过在线版和移动版的应用程序在办公桌上或旅途中计划、跟踪编辑进程，使得整个编辑团队远距离在线办公成为可能。整个团队都可以在程序之中访问、编制和查看多格式计划，使每个人都了解本地或全球范围内整个组织的活动计划。

AP Playbook 还具备监控、地图、搜索、整合、创建和预算等几项功能。AP Playbook 使用者可以通过主题标签、关键词或团队成员用户名搜索事件和任务，并且查看新闻编辑室的活动，为日程安排创建具有新闻价值的项目视图，使用自定义操作按钮以创建可靠的 API 集成和工作流。同时，使用者还可以在此项服务产品中创建个人或团队模板，以最大限度地提高报道计划的效率。除此之外，使用者还可以使用预算服务将费用分配至每一项流程之中，以便跟踪个人和累积的使用费用。

4. AP Content Services

AP Content Services 是美联社的内容营销服务，帮助用户制作定制的项目内容，并通过美联社的媒体和广告渠道在全球范围内发行。

内容营销服务主要包括 3 方面：一是内容创作，即通过创建定制化的内容帮助用户吸引读者。呈现形式包括视频、照片、文章、动画、信息图表和实时流媒体等多种格式。二是全球发布，即借助美联社全球内容服务团队将用户品牌的信息面向全球进行发布。目前，美联社已帮助用户通过 apimages.com 向超过 175000 位读者发布定制内容。三是广告。美联社此项服务还包括利用自己的新闻平台以及 180 多个新闻站点和移动应用程序的原生广告网络无缝发布用户的定制内容，进一步扩大发布范围。AP Content Services 发展较为成熟，美联社目前已为欧盟委员会、阿迪达斯和惠普等多家机构和公司提供内容营销服务（见图 2-10）。

图 2-10　美联社内容营销合作伙伴

5. **民意调查服务** AP Vote Cast

AP VoteCast 是由美联社与芝加哥大学全国民意研究中心（National Opinion Research Center）合作进行开发，面向美联社客户推出的一种新型民意调查服务，也是美联社数据增值中最具代表性的服务类产品之一。此项服务产品专为现代美国大选而设计，旨在对美国选民进行高度准确的调查。基于自有的选举数据库，美联社通过为 AP VoteCast 订购用户提供即时的调查结果，确保其订购用户在报道美国大选时能够获得即时且精准的选民数据及选举信息。

AP VoteCast 通过发放问卷、电话采访等多种手段对注册选民进行调查，以获得选民最关心的问题的详细信息、他们对国家发展方向的看法以及对本州特定问题的看法等。为了提升民意调查的准确度与研究深度，全国民意研究中心采用了具有创新性的统计校准方法，将注册选民的随机抽样调查结果与 NORCAmeriSpeak® 小组进行的民意调查结果结合进行统计分析，以获得更为精准的阶段性民意调查结果。

为保障对美国大选报道的时效性，AP VoteCast 在不同阶段会根据实际投票数进一步调整其调查结果，并向用户提供持续性更新的选举数据。AP VoteCast 用户在报道美国大选相关信息时还可借助美联社提供的交互式选举数据地图使得报道更加生动，提高报道的吸引力。除此之外，考虑到产品用户在语言方面不同的需求，AP VoteCast 可以应要求提供包括英语、西班牙语、中文、德语和法语的多语种服务。

不同于传统的民意调查服务，AP VoteCast 是对美国选民的高度准确的调查。随着 2018 年中期选举的民意调查结束，AP VoteCast 对选民的估计正确地预测了参议院和州长竞选中 92% 的获胜者。选举日当天下午 5 点，AP VoteCast 预测民主党将在为美国众议院投票的总数中击败共和党 9 个百分点，最终实际结果为 8.6 个百分点。这些选举数据来源于对美国 50 个州注册选民约 14 万次的调查访问。2020 年，美联社再次在总统初选和大选过程中通过 AP VoteCast 为客户提供更加及时和丰富的数据信息。

第三节　美联社数字化发展模式与未来规划

一、美联社数字化发展模式与创新探索

（一）以前沿技术为支撑，采用"人机协同"模式，推进生产要素智能化创新

美联社数字化转型最鲜明的特点在于其对前沿技术的灵敏察觉力和高效的行动力。当业界察觉到人工智能可能引发新闻生产大变革甚至可能重塑媒介生态环境的时候，美联社便已开始将人工智能、VR、区块链等前沿技术运用于自己的新闻生产过程之中，开启了智能化转型探索。美联社通过与其他技术公司合作，共同研发运用于智能化新闻生产中的核心技术和关键技术，并将开发出的智能软件投入新闻生产全流程之中，也因此长期处于通讯社体系，乃至整个新闻业技术应用的先行者位置。

美联社在实现大规模专业新闻生产、用户化新闻分发、不同平台新闻格式匹配的同时，仍然注重人工编辑的价值判断。运用机器人写作此类智能化新闻制作手段主要强调的是将人类从简单的新闻生产工作中解放出来，采用"人机协同"模式推进了生产要素的智能化创新。2017年，美联社在其发布的《人工智能将如何影响新闻业》的报告中表示，人工智能可以帮助增强新闻业，但它永远无法取代新闻专业人才。人工智能可能有助于报道过程，但记者将始终需要将各个部分放在一起并构建一个易于理解的、富有创意的叙述。人工智能不是灵丹妙药，不能解决所有问题。记者一旦了解了人工智能，便可以最好地

利用人工智能，对工具的了解越多，使用它的效率就越高。❶

（二）把握智能化传播趋势，实施"多端融合"的平台战略，打造全媒体传播矩阵

　　从 2014 年美联社使用机器人写稿并翻译国际新闻开始，全球新闻出版业就开始关注人工智能，业内对新技术的期待与未知推动了一批趋势性研究报告的发布。如 2017 年 9 月，哥伦比亚大学新闻学院发布了题为"人工智能：在新闻业的实践及影响"的研究报告，对美国及全球范围内人工智能辅助新闻出版业的案例和趋势进行了描述性研究。美联社及时把握住这一新的发展趋势，早一步开启智能化转型探索，实施"多端融合"的平台战略，打造集报纸、网站、客户、海内外社交媒体集群于一身的全媒体传播矩阵，以扩大传播范围，增强传播效力，抢占媒介市场空间，扩大美联社自身品牌影响力。迄今为止，美联社建设成立了以美联社手机客户端、美联社官方网站、脸书和推特联动账号为主要阵地的全媒体传播矩阵，实现了多手段、多终端的高效传播。

（三）价值坚守"人机并重"，强调客观中立原则，注重员工指引

　　美联社尽管在 5 年战略中提出于 2020 年要实现新闻内容 90% 的自动化生产，但并不意味着其对于新闻工作人员价值的削弱，反而是凭借将人员从这种低级层面劳动中解放出来以促进工作者更多投入至新闻价值的评估中去，彰显新闻从业人员的新闻专业主义。

　　美联社在价值取向中坚守"人机并重"，将客观中立作为新闻价值准则。2017 年，美联社发布的《人工智能将如何影响新闻业》的报告中强调，人工

---

❶　How artificial intelligence will impact journalism[EB/OL]. （2017-04-05）[2019-10-12] .https：//insights.ap.org/industry-trends/report-how-artificial-intelligence-will-impact-journalism.

智能技术使新闻工具发生了改变，但并不意味着新闻规则改变了。AI进入新闻编辑室，同样应该遵守新闻业的道德规范。❶

美联社也会根据传播环境和工作环境的变化，对员工做出必要的职业要求和指引。例如，针对快速发展的社交化传播，美联社制作了员工使用社交媒体发布信息的操作手册，在帮助他们提高社交媒体传播能力的同时，提醒他们避免出现侵犯隐私、泄露个人隐私等不必要的麻烦。2020年发布的第55版《美联社语言风格指导手册》中专门加入了有关"数字安全"的章节，指导记者如何保护设备、在线账户、新闻素材，以此保护新闻来源和免受在线骚扰。

二、美联社发展战略与未来规划

随着人工智能技术在新闻的采集、处理、生产和分发等环节中日益发挥重要作用，美国新闻业正面临从数字化迈向智能化的时代变革。美联社提出人机协同发展战略，旨在让机器更好地连接人与数据资源，增强人在新闻生产中的高级价值处理能力。2018年，美联社在《美联社新闻编辑室计算机系统优化理念》❷中提出："人工智能辅助新闻业实现了飞速发展，在实现大规模专业新闻生产、用户化新闻分发、不同平台新闻格式匹配等方面作出了巨大贡献，但新闻业似乎显得更加需要人工编辑的价值判断，以及需要人类记者的质化推理唤起人们的共情。未来，新闻业将从'人机协同'，迈向'人机互信'，形成

---

❶ How artificial intelligence will impact journalism[EB/OL].（2017-04-05）[2019-10-12] .https：//insights.ap.org/industry-trends/report-how-artificial-intelligence-will-impact-journalism.

❷ AP. Insights Optimizing Newsroom Computer Systems [R/OL].（2017-02-22）[2019-12-03] .https：//insights.ap.org/uploads/images/the-future-of-augmented-journalism_ap-report.pdf.

更加强健的人与机器的关系。"

美联社在智能时代对于未来的发展规划可以概括成为从"人机协同"迈向"人机互信"。强调新闻人和机器在新闻生产中具有同等地位，不应过度强调或神化技术的意义，算法和人工智能技术非但不可能替代新闻人的思维和创新，反而只能起到实现和增强这种思维和创新的作用。美联社未来的规划是以探索"人机互信"关系的建构为目标，主要包括以下两个方面。

（一）增强算法监管，凸显美联社责任感

算法为新闻生产带来了便利，同时也不可避免商业利益驱使之下对于用户信息的过度窥探。"建立一套有责任感的算法"是新闻业乃至所有行业共同的期待。新闻记者在建立起对于机器的信任的同时，也需要对技术持有一定的怀疑态度。美联社规划将自己的定义、价值标准、判断方法植入算法体系中，尽量避免商业价值体系的植入，敦促新闻记者借此甄别来源信息，鉴别危险要素，旨在从源头上保证机器可以对事物、事件做出正确的价值判断。

（二）适应分众化服务，实现新闻个性化推送

进入智能化媒体时代，美联社更加坚持以用户为导向，致力于将报道和机器关于受众的数据进行分类匹配，旨在掌握更加细分的市场，为细分的受众市场提供精准的目标化新闻产品，实现新闻的个性化推送。

总体来看，尽管人工智能技术在美国新闻业的应用带来诸多挑战，但从美联社以往的数字化转型经验来看，美联社仍将积极适应新时代新需求的变化，不断调整自身发展战略，以前沿技术为支撑，打造自身全媒体传播矩阵，在智能媒体时代更是借助"人机协同"的新闻编辑室实践，坚守人机并重的价值导向，迈向智媒时代"人机互信"的新格局。

美联社数字化发展大事记

1996 年，美联社推出新闻网站"连线"；

2000 年，美联社建立"美联数字"新部门；

2003 年，美联社推出电子美联计划；

2004 年，美联社创立多媒体数据库；

2008 年，美联社成立手机新闻平台——移动新闻网；

2012 年 2 月 23 日，美联社更换新一系列的标识系统，其中包括更换美联社主标识；

2012 年 4 月 11 日，美联社为数字出版商启动在线视频交付平台；

2013 年 4 月 8 日，美联社为美国客户推出灵活的新视频门户；

2013 年 4 月 17 日，美联社与 Green Light Learning Tools 合作发布了有关太空探索的新型教育电子书；

2013 年 5 月 15 日，美联社任命新的欧洲、中东、非洲和亚洲业务发展总监；

2013 年 6 月 20 日，美联社收购 Bambuser 股份，增强美联社 UGC 视频新闻直播能力；

2013 年 8 月 7 日，华盛顿邮报通过 AP ENPS 启动视频频道；

2013 年 9 月 13 日，美联社发布 AP ENPS Mobile 新外观和用户界面；

2013 年 10 月 30 日，美联社与 Kwiztek 进行合作，提供新的交互式在线和移动游戏；

2013 年 11 月 19 日，美联社发布中东录像的数字档案；

2014 年，美联社与 Automated Insights 公司合作开发自动撰稿程序

WordSmith；

2015 年 9 月 9 日，美联社推出 AP Content Services；

2015 年 9 月 20 日，AP Stylebook 将电子书版本添加到数字产品套件中；

2015 年 9 月 30 日，美联社以约翰·S. 詹姆斯·奈特基金会（John S. and James L. Knight Foundation）捐赠基金扩展其数据驱动新闻业；

2016 年，美联社与 AMD 合作开启 VR 新闻报道；

2016 年 11 月 24 日，美联社和 TVN 社签署协议在波兰数字市场上分发美联社视频新闻内容；

2017 年 5 月 15 日，美联社和 ExpertFile 进行合作，将 ExpertFile 的专家目录集成到 AP Planner 之中；

2017 年 5 月 16 日，美联社与 SAM 合作推出 AP Social Newswire；

2018 年 1 月 17 日，美联社与 Arkadium 进行合作将 Arkadium 的 InHabit 人工智能工具集成到美联社的体育数字新闻体验中；

2018 年 4 月 9 日，美联社推出 Playbook 编辑计划解决方案；

2018 年 8 月 28 日，美联社与 Civil 公司达成协议共同开发区块链技术，实行版权维护；

2019 年 3 月 6 日，美联社使用 Sportradar 数据生成 MLB 和 NBA 游戏的自动预览；

2019 年 6 月 27 日，在 GNI（谷歌新闻计划）支持下，美联社启动"本地新闻共享网络"试点项目（美联社正在启动一项试点项目，旨在增加当地新闻报道的范围，并改善成员新闻机构之间的协作方式）；

2020 年 1 月，美联社在纽约推出 AP StoryShare。

第三章　新华社数字化转型发展研究

第一节　新华社概况与数字化发展历程

一、新华社简介与现状

新华通讯社简称新华社，是中国国家通讯社（见图 3-1），其前身为 1931 年 11 月 7 日在江西瑞金成立的红色中华通讯社（简称"红中社"），1937 年 1 月在陕西延安改为现名。新华社总部设在北京，在中国除台湾地区以外的各省、区、市均设有分社，在台湾地区派有驻点记者，在一些重点大中城市设有支社或记者站，在中国人民解放军、中国人民武装警察部队设有分支机构，在境外设有 180 个分支机构。

图 3-1　新华社标识

　　从组织架构来看，截至 2020 年 10 月，新华社设有包括办公厅、总编辑室、国内新闻编辑部、国际新闻编辑部在内的 15 个内设机构，包括《瞭望》《经济参考》《新华每日电讯社》在内的 11 个直属事业单位，包括新华社投资控股有限公司、中国经济信息社、新华网股份有限公司在内的 15 家直属企业。此外，新华社拥有遍布全球的 100 多家驻国内分支机构和驻国（境）外分支机构。驻国内分支机构方面，新华社在全国各省、自治区、直辖市等地共设有北京分社、天津分社、河北分社等 31 个驻国内分社，大连支社、皖南支社、新疆建设兵团支社等 12 个驻国内支社和延边记者站、冀东记者站、三峡库区记者站等 8 个国内记者站；驻国（境）外分支机构方面，新华社在全球各地区共设有亚太总分社、中东总分社、欧洲总分社等 7 个总分社，以及覆盖亚太地区、欧亚地区、中东地区、美洲地区和非洲地区的 101 家分社。

　　目前，新华社建立了覆盖全球的新闻信息采集网络，形成了多语种、多媒体、多渠道、多层次、多功能的新闻发布体系，集通讯社供稿业务、报刊业务、电视业务、经济信息业务、互联网和新媒体业务等为一体，每天 24 小时不间断用中文、英文、法文、俄文、西班牙文、阿拉伯文、葡萄牙文和日文 8 种语言向世界各类用户提供文字、图片、图表、音频、视频等各种新闻和信息产品。新华社编辑出版并公开发行 20 多种报刊，包括《新华每日电讯》《参考

消息》《瞭望》《半月谈》等。❶

　　从业务范围来看，新华社在传统的通讯社业务和报刊业务以外，主要涉及以下 5 个方面的数字化新业务：①覆盖 PC 端、客户端、移动端的网络服务业务；②提供多媒体信息服务和大数据智能分析服务，为客户提供智库类高端产品和服务的信息服务业务；③研发移动产品，提供教育平台技术服务、在线教育服务和党建活动服务的移动互联网业务；④为各级政府、企事业单位提供专业的网站建设、内容管理、运行维护、技术保障等服务的网络技术服务业务；⑤利用人工智能、虚拟现实、无人机等现在数字技术进行融合形态数字内容的创意、策划、设计、开发、制作和跨平台销售的数字内容业务。

　　新华社是中国传统媒体和新兴媒体融合发展的先行者与开拓者，旗下的新华网是中国知名的综合性新闻信息服务平台之一，"新华社"移动客户端及其分客户端是中国国内移动互联网领域最大的党政企客户端集群，培育了"新华视点""新华国际"等一批网上信息品牌，初步建成适应新媒体市场的新闻信息产品体系。新华社还拥有中国媒体行业规模最大的多文种多媒体新闻信息数据库。2019 年 11 月，科技部发布《关于批准建设媒体融合与传播等 4 个国家重点实验室的通知》，新华社获批"媒体融合生产技术与系统国家重点实验室"，成为国家重点实验室依托单位中的唯一通讯社。

二、新华社融合发展进程

　　作为中国最早引入数字技术的主流媒体之一，新华社于 20 世纪末开启数字化转型道路。纵观新华社媒介融合的发展历程，大致可将其划分为以下 3 个

---

❶　新华社简介 [EB/OL].（2011-08-04）[2020-10-05].http：//203.192.6.89/xhs/static/e11272/11272.html.

阶段。

1. 数字化改造（1997—2007 年）

第一阶段以新华网的成立为主要标志，主要实现了新闻信息的全面上网、多媒体信息采编平台的建构和通讯社业务和功能的扩展延伸。1997 年 11 月，新华通讯社网站（域名：www.xinhua.org）的正式成立标志着新华社数字转型的开始。2000 年 7 月，通过大规模技术改造，新版"新华网"（新域名：www.xinhuanet.com）正式上线。新的新华网在大幅度提高新闻上网速度、增加新闻信息量的同时，增加搜索引擎功能，实现了新华网站搜索、其他门户网站搜索和知名网站搜索等功能 ❶。同时，包括新闻稿件、报刊库、专题资料库、人物库等在内的中英文两大综合类数据库全部上网，促使新华社新闻信息服务对象从单纯的媒体用户转向兼顾媒体用户、非媒体用户和个人。2001 年，新华社与上海电信有限公司合办新华电信宽屏网，以宽屏和无线增值为主营业务。

2003 年，随着采集入库、待编稿库、多媒体编辑和产品生成等系统投入运行，新华社多媒体新闻信息采编平台诞生。该平台以 XinhuaML（由新华社制定的中文新闻信息技术标准，当时已通过科技部和国家标准委的专家认证）为数据交换标准，将数据库技术、网络安全技术、全文检索技术、多媒体混合编辑技术、信息推送技术、自动分类和查重技术等结合在一起，实现了在同一界面制作集文字、图片、图表、音频、视频为一体的多媒体新闻信息产品的生产，明显提高了信息资源复用指数和投入产出率 ❷。2006 年 12 月，新华社推出海外专版业务，将精选的稿件和图片传给亚洲、欧洲、美洲、非洲等地的海外媒体。2007 年，线上新华社金融信息平台成立，提供实时资讯、历史数据、分析模型、在线交易等综合金融信息服务。

---

❶ 安清 ."国家队"强势出击 新华网全新推出［J］.瞭望新闻周刊，2000（31）：11.
❷ 陆小华 . 传媒运行模式变革［M］.北京：新华出版社，2004：148.

2. 媒介融合初探（2008—2013 年）

为了顺应数字技术的发展和新媒体革命的大趋势，新华社在 2008 年 9 月的工作座谈会上讨论制订了《新华社 2008—2015 工作设想》，明确提出"向多媒体形态拓展、向终端受众拓展、向国际拓展"的三大目标，推动战略转型，把新华社建成中国特色社会主义世界性现代通讯社。由此，新华社进入以融合发展为核心的数字化发展第二阶段。该阶段以新型媒体形态的运营探索和通讯社业务创新为主要特征。

2009 年，以"汶川地震一周年"报道为契机，新华社从各个编辑部抽调人员成立多媒体中心，结合当时最新的传媒技术，升级发稿系统，实现同一界面编发文字、图片、音频、视频和网络稿件，研发出形式创新的多媒体融合产品。这种以重大战役性报道、突发事件报道为突破口构建的多媒体新闻信息数字生产加工平台，开启了新华社多媒体融合的探索之路。

随后，新华社在手机视频、电视网、数字平台建设等方面不断拓展和创新多媒体业态。2009 年，新华社与中国移动联合推出"新华视讯"手机电视业务（新华社手机电视台和 CFC 财经频道），用户可通过手机终端实时收看视频资讯。同年，中国新华新闻电视网有限公司（CNC）成立。2010 年 7 月，中国新华新闻电视网英语电视台（CNC WORLD）和中文台先后开播，在亚太地区和欧洲地区实现信号落地。2012 年，新华社成立"新媒体中心"，该中心兼顾传统业务和新媒体业务，推出"现场新闻"全息直播和"现场云"服务平台，并探索建立"以智能技术为基础、以人机协作为特征、以大幅提高生产传播效率为重点"的智能化编辑部，以实现通讯社核心职能向新媒体领域全覆盖的转型。❶

---

❶　陈凯星 . 把握传媒变革新趋势 创新新闻传播新语态 [EB/OL].（2018-09-06）[2019-05-06].
http：//news.cctv.com/2018/09/06/ARTICXK6WQJLiRKAZMeOwE0e180906.shtml.

从 2012 年开始，新华网开始可视化新闻业务的探索，开办了"数据新闻"栏目，尝试用数据传达特有的新闻价值。该栏目的主要内容为动态图表、动画视频、H5 交互产品、AI 作品等可视化新闻产品。目前，新华社仍然代表着中国数据新闻的领先水平。

3. 智慧全媒体建设（2014 年至今）

新华社数字化发展的第三阶段的开始以 2014 年"新华社"客户端的发布为标志。这一阶段的探索以应用前沿科技构建全媒体传播矩阵、全媒体生产平台、建设数据库为主要内容。

2014 年，《关于推动传统媒体和新兴媒体融合发展的指导意见》正式出台，"媒介融合"上升到国家发展的战略层面。为响应国家推进媒介融合发展的决策，新华社推出首个自主掌控的全国最大的党政客户端集群——"新华社发布"（后更名为"新华社"），尝试建设庞大的政务新媒体服务体系。2016 年 2 月，新华社客户端 3.0 版（见图 3-2）推出，上线"现场新闻"栏目，实现完全线上化的新闻采写编发；2017 年 2 月的 4.0 版客户端中进一步增加预约和提醒的功能，提升用户体验。2018 年年初，新华社上线"XINHUA NEWS"英文客户端（见图 3-3），成为中国主流媒体推出的首个具备智能推送功能的英文客户端。此时，新华社上线运行的新媒体资讯产品包括微信公众号、微博、微视频、中英文客户端、新华社微悦读微信小程序，初步形成多平台覆盖且灵活、便捷的"三微 + 两端 + 小程序"轻量级传播矩阵。

图 3-2　新华社中文客户端

图 3-3　新华社英文客户端

平台建设方面，2015 年 7 月，新华社在自主研发的技术应用系统的支持下组建"全媒体报道平台"，探索重大主题报道的可视化，打通采编、技术与新媒体加工的各个环节，生产 H5、漫画、短视频、AR 等新型产品，逐渐形成全媒体采编系统❶。2016 年，新华社开始建设"全球视频智媒体平台"，对音视频生产进行系统化管理，实现基于视频供稿和移动终端播发需求的采、编、发生产链条的无缝对接❷。2016 年 10 月，新华社推出炫知传播力分析评估服务产品，通过全网监控、传播分析、传播监控为媒体机构、党政机关提供舆情监测和传播效果评估服务。在此后的两年内，新华社相继上线新华云智服务平台和新华睿思数据云图分析平台，为党政机关和企事业单位等高端客户提供定制化解决方案。

新华社在上述三大平台的支持下进一步打造"媒体大脑""媒体创意工场"等智能生产平台，为提前布局智能化发展的新阶段奠定了基础。2017 年 12 月，新华社正式发布中国第一个媒体人工智能平台——媒体大脑（mp.shuwen.com）。该平台具备新闻采集、生产、分发、版权监测、人脸核查、用户画像、智能对话、语音合成八大功能，覆盖报道线索、策划、采访、生产、分发、反馈的全新闻生产流程链路。2018 年 12 月，新华社启用中国国内首个"媒体创意工场"，引入 MoCo 设备，搭建了 MR 混合现实智能演播厅和交互式智能视频摄制平台，推出包括《无人机航拍：换个姿势看报告》《共商国是》在内的一系列现象级数字内容创意产品。

---

❶ 陈旭管，习毅刚. 媒体融合发展新范式：系统与产品创新打造通讯社融合发展新模式——"新华社全媒报道"创新侧记［J］. 中国传媒科技，2017（5）：11-12.

❷ 陆小华. 增强体系竞争力：媒体融合平台构建的核心目标——新华社全球视频智媒体平台的探索与思考［J］. 新闻记者，2019（3）：72-83.

第二节　新华社数字化转型路径与代表性产品分析

一、新华社数字化转型路径分析

1. 大力投入创新研发，掌握核心技术和前沿技术

随着人工智能、数据挖掘、物联网、5G 传输等技术的加速演进，技术研发能力对媒体竞争力的影响日益明显。新华社重视创新对机构发展的驱动力供给，对科技研发的投入力度逐年加大。以新华网为例，据《新华网股份有限公司 2018 年年度报告》显示，2018 年新华网研发投入总额为 6480 万元，比去年增长 129 万元，研发投入总额占营业收入比例为 4.13%，超过大多数主流媒体（研发投入总额占营业收入比例普遍低于 4%）。❶ 受益于较高的资金扶持力度，新华社在技术领域取得的成果也十分明显。

在新闻报道方面，2012 年，在重大新闻集中报道指挥调度供稿系统研发项目支撑下，新华社技术局开展短波信息编码、信道传输等关键技术研究。目前短波核心技术达到国内领先水平，其研究成果已经在新华社的应急报道中的使用。2017 年 12 月，新华社推出国内首个智能媒体生产平台——媒体大脑，并制成首条 MGC（机器生产内容）视频新闻。2018 年 11 月，新华社联合搜狗推出全球首个"AI 合成主播"，尝试实时播报新闻。

在数据库、平台建设方面，新华社以媒体资源优势和分布式并行计算框

---

❶　新华网股份有限公司 2018 年年度报告［EB/OL］.（2019-04-18）[2020-05-15] .http：//www.sse.com.cn/disclosure/listedinfo/announcement/c/2019-04-18/603888_2018_n.pdf.

架为基础，对原有大数据舆情系统进行全新升级，运用信息时空传播分析、增量式事件演化分析、互动信息持续增量更新、基于表情符号的网民情绪深度感知、报告智能生成等技术创新大数据系统架构模式，实现数据持续增量更新。❶

在可视化、视频新闻方面，新华社通过"云架构技术"建构视频技术体系，以 LTO5 技术建构视频归档系统，采用互联网 IP 化直播架构，研究 HTML5、VR、AR、3D 等技术与视频的融合，推出新形态产品。

在生物传感技术领域，新华社推出疲劳驾驶监测产品，研发妇产后情绪检测系统和减压系统，实现"生物传感 + 情绪"的技术融合，将业务延伸到大健康领域。

2. 把握智能传播发展趋势，重塑生产流程，培育信息产业新业态

智能传播趋势下，数字技术改变了媒介内容的生产逻辑，直接影响了新闻内容的生产流程。随着 5G、物联网、大数据等技术条件的成熟，人工智能已经嵌入到新闻采、写、编、评、报的各个环节。例如，在新华社新闻采写阶段，除 OCR 扫描、繁简体转换、黑马校对等简单技术应用外，智能语义识别、版权追踪等智能技术的应用极大地缩短了新闻报道制作的时间，也为作品的数字版权保护提供了保障。

2015 年 11 月，新华社写作机器人"快笔小新"上线运行，能迅速、准确地自动编写体育赛事报道和财经新闻报道；在新闻编辑和新闻分发阶段，"快笔小新"可以根据计算和分析结果选取合适的模板生成 CNML 中文新闻置标语言标准的稿件自动进入待编稿库，等待编辑审核签发；在机器人自动化新闻

❶ 新华网股份有限公司 2018 年年度报告［EB/OL］.（2019-04-18）[2019-05-15] .http://www.newsstat.cn/0418/nianbaoquanwen.pdf.

写作技术的基础上，2017 年 12 月发布的"媒体大脑"人工智能媒体生产平台不仅实现了数据技术在发现新闻线索、采集新闻素材、生产新闻内容中的应用，还通过用户画像和智能算法实现了针对用户的新闻精准化推送和智能化推荐。在新闻评论阶段，新华社利用人工智能媒体生产平台探索时政评论的可视化表达，结合微视频的形式推出一系列互动性强、贴近生活、群众喜闻乐见的融媒体新闻评论产品。

此外，中、英文 AI 合成主播的相继推出也使得人工智能技术更进一步地应用到新华社新闻生产中。2018 年 11 月 7 日，新华社推出的全球首个"AI 合成主播"一经上线便应用到社会民生、政治交往、国际文化交流等领域的新闻报道中。基于语音、唇形、表情合成和深度学习等技术，AI 主播能够满足不同语种的 24 小时无间断进行"真人化"新闻播报（见图 3-4 和图 3-5）。2019 年 3 月 5 日，全球首个 AI 女主播在新华社正式上岗（见图 3-6）。随后，AI 男女主播进一步实现了站立播报，并能够辅以手势、姿态变化等肢体语言，"真人化"程度得到了再次提升。

图 3-4　AI 合成主播进行国际新闻播报

图 3-5　AI 合成主播站立进行社会新闻播报

图 3-6　AI 合成女主播进行"两会"新闻播报

3. 统一传统媒体品牌和新媒体品牌，塑造"智慧化""智能化"的整体品牌形象

在新闻信息同质化时代，"媒体品牌"是用户新闻信息选择和信息真实性判断的重要指标，因此也成为媒体市场竞争力的重要来源。在数字化转型过程中，新华社以机构品牌背书新媒体产品，以传统媒体品牌孵化新媒体品牌，以新媒体品牌带动机构品牌和传统媒体品牌的"年轻化"升级。

首先，作为中国国家通讯社，新华社在数十年的发展过程中已经形成了权威、公正、高品质主流媒体的品牌形象。传统媒体方面，在以文字稿为主的传统通稿新闻线路以外，新华社的报刊品牌产品包括《新华每日电讯》《参考消息》等时政类报刊群、《经济参考报》《中国证券报》等财经类报刊群和《现代快报》《中国记者》等都市类和专业性报刊群，它们共同形成了中国国内最大的报刊集群 ❶。

其次，新华社在进行新闻信息产品和数据库平台型产品研发的同时也十分注重它们的市场化、品牌化发展，构建包括栏目、社交媒体、网站等媒体品牌和数据库、智库、生产平台等平台品牌在内的品牌体系。同时，新华社还通过线上线下的推广活动提升品牌影响力和市场占有率。例如，依托《中国网事》栏目举办年度感动人物评选活动、邀请普通工作人员、明星和各国政要为客户端"点赞"的"客户端代言"推广活动。

现在，新华社逐渐形成了"机构品牌—产品—产品品牌—机构品牌"的产品和机构品牌建设良性循环路径，并由此建构起丰富的通讯社自有品牌体系（见图3-7）。

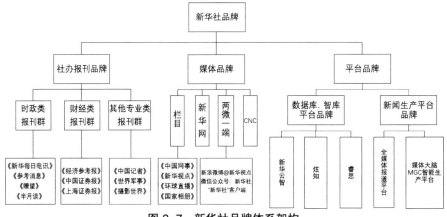

图 3-7 新华社品牌体系架构

---

❶ 卓培荣 . 全媒体时代与传媒战略转型［C］. 北京：新华出版社，2010：61-62.

4.调整内部体制机制，主动适应智慧化生产方式

人工智能技术的应用重构了媒介内容的生产逻辑，为了适应智慧化的生产方式，使融媒体报道常态化，新华社建立并完善了与智能生产相协调的体制机制。

一是设立产品研究院，探索创新机制。新华社产品研究院成立于 2016 年，下设 6 个研究中心，分别是新媒体研究中心、全媒研究中心、技术研究中心、媒体未来研究中心、传媒资讯研究中心和对外传播研究中心，通过盘活创新资源、孵化创新项目、培养创新人才，促进覆盖整个新华社的多层次立体化产品创新体系的形成❶。

二是设立奖励机制，激发创新热情。依托产品研究院，新华社每年设有 1000 万元的创新基金，邀请专家对申报创新基金的项目进行评审，并设定《新华社创新工作奖励办法》，组织创新奖励评选工作❷。

三是组建全媒体报道平台，建设智能化编辑部，并设立实验室，为智慧化生产提供研发支持。2015 年 7 月，新华社组建"全媒体报道平台"，打通采编流程，2017 年该平台升级后，打破原有部门界限，支持多工种在线协同工作，并实施智能化"超级编辑部"建设工程，面向智能传播再造生产流程❸。2018 年 5 月，新华社成立"新华讯飞智媒体实验室"，探索人工智能在媒介内容生产领域的应用。

---

❶　新华社成立产品研究院 以产品创新带动融合发展新突破［EB/OL］.（2016-05-09）［2019-05-30］. http：//www.xinhuanet.com/politics/2016-05/09/c_1118833624.htm.

❷　周瑜.新华社融媒体产品创新及背后的机制变革［J］.中国记者，2017（3）：9-12.

❸　蔡筱牧.新华社媒体大脑：技术驱动新闻生产方式变革［J］.传媒，2018（20）：54-56.

5. 引入现代企业制度，盘活资源与资本

2000 年 7 月 4 日，新华社注册成立新华网络，并以"新华网"名义开展互联网新闻宣传。2001 年，经中央编制办《关于成立新华通讯社网络中心的批复》（中编办〔2001〕25 号）同意，自 2001 年 2 月起网络中心列为新华社直属事业单位，业务范围为以新闻为主的综合性网络媒体，主要从事互联网等新兴媒体的新闻信息宣传报道工作。此后，新华社网络中心与新华网络"双轨制"的方式运行了近 10 年，即网络中心按事业单位运作，新华网按企业方式运作，网络中心主要承担新华网的采编工作。

2010 年 1 月 1 日，网络中心与新华网合二为一，新华社网络资产和业务的整合由此开启。2011 年 1 月 28 日，中央外宣办下发《关于〈新华网络有限公司重组改制方案〉的批复》（中外宣发函〔2011〕21 号），同意新华网络重组改制为新华网股份有限公司（筹）。2011 年 3 月 21 日，财政部下发《关于新华网股份有限公司（筹）设立方案及国有股权管理方案有关问题的函》（财教函〔2011〕22 号），同意新华网络整体变更为新华网股份有限公司。

随着重组改造的完成，不仅为新华社的网络业务资产整合提供了可能，也为上市融资做好了准备。2012 年 3 月，新华网以新增扩股的方式对网络中心相关资产实施收购，网络中心与新华网的合并全部完成。2016 年 10 月，新华网股份有限公司发布了 A 股股票招股说明书。说明书显示，新华网的控股股东及实际控制人均为新华社。截至 2016 年 6 月 30 日，新华社直接持有本公司 82.46% 的股份，通过新闻发展深圳公司、信息社分别间接持有本公司 3.00%、2.54% 股份，共计持有本公司 88.00% 的股份。❶

---

❶ 新华网股份有限公司首次公开发行 A 股股票招股说明书 [EB/OL].（2016-10-18）[2019-05-09]. http://download.xinhuanet.com/zonghe/xhnews/xhwgkagzgsms.pdf.

　　新华网的成功上市为新华社的媒体融合发展提供了最为重要的资金保障，同时也成为新华社业务创新、技术研发等媒体融合发展的实践主体。资料显示，新华网上市募集的137988.57万元资金全部用于未来3年的融媒体相关项目建设，即"新华网全媒体信息及应用服务云平台项目"（见图3-8）"新华网移动互联网集成、加工、分发及运营系统业务项目""新华网政务类大数据智能分析系统项目""新华网新媒体应用技术研发中心项目""新华网在线教育项目"。其中，全媒体信息及应用服务云平台项目由新闻信息采编加工、信息发布、网络视频、信息及应用、商务支撑、内部管理、云计算及技术基础8个子平台组成。移动互联网集成、加工、分发及运营系统业务项目的实施，能有效提高新华网将各类内容资源转化为适应各类终端的产品元素，具备研发满足用户碎片化需求的产品的能力。这两个项目的实施将对融媒体环境下新华社的新闻生产、分发和信息价值的发掘提供直接的支撑，并通过数据挖掘能力的提高，产生后向盈利能。

　　研发中心项目着眼于云计算、移动互联网和物联网3个重点应用研究方向的新媒体技术产品孵化，能够为新华社融媒体时代的可持续发展提供"硬实力"支撑。同时，新华网股份有限公司还孵化了包括"新华网"（www.xinhuanet.com）、新华网客户端、新华云智、新华炫知等一系列面向机构、个人等不同类型用户需求的融媒体产品和业务。

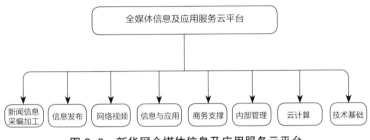

图 3-8　新华网全媒体信息及应用服务云平台

二、新华社产品体系及经营状况分析

1. "产品思维"和"受众思维"下的产品体系

"互联网+"带来媒体融合的同时，也在更大范围内带来了行业、产业融合，行业边界日趋模糊，产品更新迭代速度加快。为适应越来越依赖于互联网的行业特征，在竞争中取得优势，通讯社也需要具备瞄准特定群体，满足用户需求并为其创造价值，突出产品个性化和冲击力的受众思维和产品思维。新华社的两大思维体现在两个方面。

（1）细分市场，类型化受众偏好，针对特定用户的指定需求提供差异化产品。从整体上看，新华社产品大致可分为三大类（见图3-9）：一是面向特定读者群体的由新华社编辑出版且公开发行的时政类、财经类、都市和其他专业类这三大类22种报刊；二是面向媒体用户和个人提供新闻信息产品，并根据不同新闻主题设置不同的专线、栏目；三是面向党政机关和企事业单位提供智慧化解决方案的数据库、智库和平台型产品。具体来看，针对普通大众，面对真假新闻混杂难辨的舆论空间，新华社提供专业、客观、权威的信息的同时，以内容激起受众情感共鸣、以人机互动形式提高受众参与感，与受众建立起价值和情感两个维度的紧密联系；针对企业机构，新华社建立媒体型智库平台，为国有大型企事业单位提供专业且精准的环境监测、数据分析、决策选择等服务；针对党政机关，新华社提供政务网群建设服务及技术维护支持，以数据库、智库和云服务解决方案对接党政机关政策制定和社会管理的需求。

（2）内容创新与形式创新相结合，依托互联网平台研发多形态融媒体产品。面对受众已经形成的社交化、碎片化的媒介接触习惯，新华社依托传统内容资源优势，将最新科技成果运用到产品研发过程中，推出包括MV产品、图

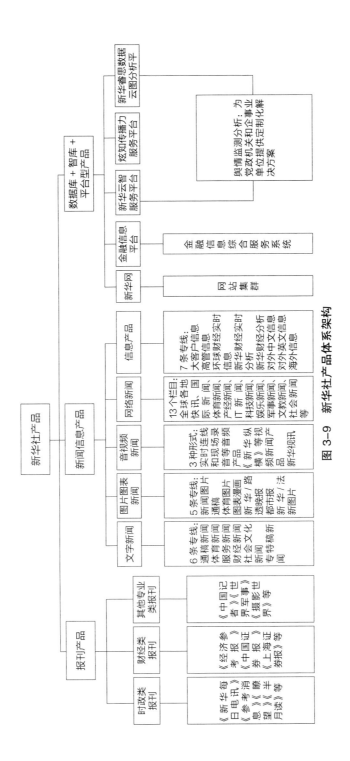

图 3-9　新华社产品体系架构

解/手绘产品、H5产品、AR产品、小程序、小游戏、媒体大脑系列人工智能产品等独具特色的多形态融媒体产品，用现有技术手段最大限度地满足受众的差异化消费需求和差异化媒介使用偏好。

2. 新华社代表性融媒体产品

（1）新华网

新华网是新华社主办的综合新闻信息服务门户网站，是中国最具影响力的主流媒体网站，也是极具全球影响力的中文新闻网站（见图3-10）。依托新华社的权威地位和全球范围内的信息网络，新华社形成了遍布全球的内容生产分发网络、广泛的用户基础和优质的客户资源体系以及突出的品牌影响力，为新华网开展网络广告、信息服务、移动互联网、网络技术服务和数字内容业务提供了国内其他新闻机构难以企及的竞争力来源。

图 3-10　新华网标识

具体而言，根据新华社对新华网的授权，"新华网"（xinhuanet）作为新华社所属唯一的国家级综合新闻类经营性门户网站，可以在第一时间使用、编辑和播发新华社的稿件。从而使新华网新闻发布的数量和质量得到保障，一直保持着日均发稿量保持在2万条左右的行业领先水平。同时，网络广告业务涉及快消、汽车、金融、能源、健康、科技、时尚等主要行业，发布范围覆盖PC

端、客户端以及社交媒体平台；信息服务业务包括多媒体信息服务、大数据智能分析服务，以及举办大型论坛、会议活动，为党政机关和企事业单位提供智库类高端产品和服务；移动互联网业务涉及"新华网"客户端、手机新华网、新华网微博、微信和"新华视频"等移动产品的运营；网络技术服务业务着重为中国各级政府和多家企业提供网站建设、内容管理、运行维护、技术保障等网络信息服务，其中包括中国政府网、中国文明网、中国—东盟中心网，形成了国内最大规模的政府网站集群；数字内容业务借助新华社在人工智能、虚拟现实、增强现实、混合现实、无人机等现代数字技术研发和应用方面的优势，设计、开发、制作、销售具有融合形态的数字内容。

2014 年，新华网率先创建了基于生物传感技术的用户体验实验室，用于广告效果、在线教育和掌媒传播效果监测；2015 年，新华网融媒体未来研究院成立了国内首个人工智能传媒实验室，并展开对业务协同产品的开发，以探索新闻内容的全媒体化和移动化的呈现，为海内外受众群体提供更多权威、独家的"高附加值"全媒体资讯产品。2015 年 6 月，新华网在国内媒体中率先成立首个全国性新闻无人机编队，参加了天津滨海爆炸事故的核心区航拍任务；2015 年 12 月，新华网融媒体未来研究院推出国内第一代生物传感智能机器人（软件系统）"Star"（思达）。❶2016 年 10 月，新华社推出炫知传播力服务平台。该平台通过全方位、全时间段对全媒体新闻数据的监控、采集，计算内容相似度，通过新闻的来源、出处、字段关联"发布媒体"和"转载媒体"的传播关系，绘制出新闻传播力形成的全过程，以可视化的方式呈现全网新闻传播力指数和分析报告，为新闻传播机构开展传播状态监测、效果评估、舆情监测提供有力支撑。其四大核心功能为全网监控、传播分析、传播监控

---

❶　新华网股份有限公司首次公开发行 A 股股票招股说明书 [EB/OL].（2016-10-18）[2019-05-09]. http：//download.xinhuanet.com/zonghe/xhnews/xhwgkagzgsms.pdf.

和评估服务。

（2）新华睿思系列分析平台

新华睿思是新华网自主研发的大数据系列产品品牌，以"数据驱动"为核心逻辑建构大数据平台产品矩阵，为以机构为主的用户群体提供融合化信息服务（见图3-11）。

图 3-11　新华睿思·数媒平台功能

2018 年 5 月，新华网完成新华睿思·数媒分析平台的研发。这是新华网自主研发的大数据平台产品系统，该平台包含新华睿思·数媒智慧引擎系统软件系统、新华睿思·数媒传播分析系统软件系统、新华睿思·数媒账号分析系统软件系统、新华睿思·数媒竞媒分析系统软件系统，是面向内容生产和传播的专门性大数据服务平台。该平台通过云计算、人工智能、深度学习等技术在策划、采集、编辑、加工、分发、反馈等环节的全流程应用，助力创新内容生产、重塑媒介形态、打造智慧媒体的传媒大数据平台，能够提供素材推送、领域热点、栏目订阅、专题分析、网站传播分析、账号分析和竞媒比对 7 大服务。2018 年 8 月，预期功能全部得以实现且在新华网的业务中得到应用。通过对该平台的运用，内容生产和传播机构能够优化新闻生产机制，实现精准传播和智慧传播。

新华睿思数据云图分析平台是采用"自主研发＋开放共享"方式的大数据平台产品系统，该平台包括新华睿思社交账号监测系统软件、新华睿思大数据信息监测系统软件、新华睿思大数据分析研判系统软件，是面向政府和企业用户的网络空间治理服务平台。2018 年新华睿思 RIS3.0 上线（见图 3-12），平台功能扩展至日常监测、事件追踪、账号监测、历史舆情、境外账号、视觉大屏、分析任务 7 项功能，监测范围覆盖门户网站、两微一端、论坛贴吧等多类信源，日均增加高质量数据达 1 亿条左右，同时还构建了涵盖 300 多个表情符号的网民情绪感知模型，能够更准确地研判网民情绪。

图 3-12 新华睿思数据云图分析平台 RIS3.0 服务体系

（3）媒体大脑

2017 年 6 月，新华网与阿里、新媒文化、中经社以及数问云共同设立新华智云科技有限公司。其中，新华网持股比例为 40.8%。2017 年 12 月，新华智云发布中国第一个媒体人工智能生产平台——媒体大脑 1.0，向媒体机构提供"大数据＋人工智能"的新闻生产、分发和监测能力融合云计算、物联网、大数据、人工智能等多项技术，提供线索发现、素材采集、编辑生产、分发传播、反馈监测等多项服务（见表 3-1）。

表 3-1　媒体大脑产品及服务体系 ●

2410 智能媒体 生产平台	·通过智能采集设备和数据源自动采集的数据获取信息、实时监测新闻事件、发现新闻线索； ·结合该新闻事件相关的地理位置信息、历史数据资料、同类事件信息，进行内容分类、数据分析、数据可视化、稿件撰写、视频剪辑、全程配音等； ·进行新闻信息智能生产、智能审核、智能发稿、智能分发。
采蜜	·结合语音识别技术，将采访、会议等录音内容自动转写为文字，并同步至电脑端。
新闻分发	·结合大数据技术，将新闻信息推送给适合的读者、用户。
版权监测	·对原创信息内容进行快速版权登记； ·对登记过的原创内容，进行全网版权监测。
人脸核查	·在海量的新闻图片、视频中，精确定位特定人员，并可以对图像中包含的人物进行自动分类； ·在网络媒体和社交媒体新闻图片中，精确识别图片中的人物，协助构建图像中人物的关系图谱。
用户画像	·基于新华智云的大数据能力，结合媒体机构自身用户行为数据，通过多维度指标交叉分析，勾勒用户特征，为媒体实现的精细化运营提供可能。
智能会话	·结合深度学习语义理解、新闻知识图谱等技术，新闻会话机器人通过对新闻大数据的学习，实现与受众的实时新闻对话和互动。
语音合成	·将文字转化成音频，使文字新闻通过智能家居、汽车音响等各类渠道到达用户，拓宽新闻内容的传播渠道。

2018 年 6 月，"MAGIC 短视频智能生产平台"试运营（见图 3-13），成功地将新闻智能生成流水线引入内容领域，实现了极短时间内短视频内容的批量生产。在 2018 年俄罗斯世界杯期间，MAGIC 生产短视频数量达到 37581 条，占世界杯中文短视频总产量的 58.6%，全网实现了 116604975 次播放，最快一条生产仅耗时 6 秒。2018 年年底，经过半年试运行的"媒体大脑·MAGIC"

● 傅丕毅，徐常亮，陈毅华 ."大数据 + 人工智能"的新闻生产和分发平台——新华社"媒体大脑"的主要功能和 AI 时代的新闻愿景 [J]. 中国记者，2018（3）：17-20.

短视频智能生产平台正式发布，成为中国人工智能技术首次在内容领域集成化、产品化和商业化的应用。

图 3-13　媒体大脑·MAGIC 短视频智能生产平台结构

2019 年 8 月 26 日，新华智云一次性发布自主研发的 25 款媒体机器人，初步形成覆盖新闻信息采集、报道、编辑、后期制作、数据挖掘、新闻热点追踪的新闻信息生产全过程的媒体机器人矩阵（见表 3-2），并将它们集中应用于"媒体大脑·MAGIC"平台。新华智云也因此成为中国最大的媒体机器人生产商和服务商。

表 3-2　新华智云媒体机器人矩阵

新闻资源"采集"机器人	新闻资源"处理"机器人
1. 突发识别机器人	1. 智能会话机器人
2. 人脸追踪机器人	2. 字幕生成机器人
3. 安全核查机器人	3. 智能配音机器人
4. 文字识别机器人	4. 视频包装机器人
5. 数据标引机器人	5. 视频防抖机器人
6. 内容搬运机器人	6. 虚拟主播机器人
7. 多渠道发布机器人	7. 数据新闻机器人
8. 热点机器人	8. 直播剪辑机器人
	9. 数据金融机器人

续表

新闻资源"采集"机器人	新闻资源"处理"机器人
	10. 影视综快剪机器人
	11. 体育报道机器人
	12. 会议报道机器人
	13. 极速渲染机器人
	14. 用户画像机器人
	15. 虚拟广告机器人
	16. 一键转视频机器人
	17. 视频转 GIF 机器人

媒体大脑的算法机制体现在 MGC 引擎，可以概括为一个"业务数据化——数据业务化"的闭环反馈过程。一是让传统的业务资料成为数据，让线下的数据走向线上，和计算相接，这个过程对应的就是业务数据化；二是让数据形成闭环，回到业务的使用场景中，对业务进行改善并让人工智能不断自我进化，这个过程对应的就是数据业务化。❶ 新华智云研发的媒体大脑、MAGIC 短视频智能生产平台均为非专用性平台，面向其他机构提供会员服务。通过使用这些产品，其他不具备研发能力的媒体，特别是中小型媒体能够将有限的人力投入到深度调研、采访等其他内容生产的关键领域中去，从而实现基础设施功能升级，助力整体生产能力的提升。

❶ 傅丕毅，徐常亮. 新华社："媒体大脑"赋能 重塑传播格局 ［J］. 网络传播，2018（6）：63.

第三节　新华社数字化发展模式与未来规划

一、新华社数字化发展模式与创新探索

1. 以前沿技术为支撑，采用"协同研发"模式，深入推进系统化创新

与其他主流媒体相比，新华社数字化转型最鲜明的特征在于其始终注重避免对"技术外包"的过度依赖，着力提升对核心技术和关键技术的自主掌控能力，在掌握技术建设主动权的基础上采用"协同研发"模式建构研发体系。近年来，新华社技术局与腾讯、阿里巴巴、百度、微软、谷歌等一流互联网企业在数据服务、人工智能、物联网等领域展开合作，并取得了一定成果。其中，前文提到的"媒体大脑"是新华社与阿里公司联合成立的新华智云科技有限公司的研发成果；炫知传播力服务平台是新华社和海量信息技术股份有限公司合作推出的平台型产品；"AI 合成主播"是新华社与搜狗公司联合推出的；"新华讯飞智媒体实验室"是新华社安徽分社与科大讯飞联合成立的智能媒体实验室。2019 年 5 月，新华社又与清华大学五道口学院合作，推进国家金融信息平台建设。

在研发体系支撑下，新华社将互联网思维的阶段性应用进一步细化为"移动优先"，重点推进移动化、视频化转型，并以"源创计划""共鸣计划"带动内容创新、技术创新和业务创新的融合，实现媒介融合技术平台与制度管理运作体系"双轮驱动"下的系统化创新。

2. 把握智能化传播规律，实施"多端融合"的平台战略，构建立体化、矩阵式传播平台

中国互联网络信息中心（CNNIC）发布的第 46 次《中国互联网络发展状况统计报告》显示，截至 2020 年 6 月，中国网民规模达到 9.40 亿。随着移动智能终端类型的日益丰富、产品的不断升级、功能的逐渐完善，人与媒介的互动呈现出越来越明显的智能化特征，用户媒介接触习惯也随之发生改变，对人机交互能力、媒介使用体验提出更高要求。

面对此发展态势，新华社一方面"稳扎稳打"，实施"多端融合"平台战略，打造集报纸、网站集群、客户端集群、海内外社交媒体集群于一身的全媒体传播矩阵，以扩大传播效应，提升传播力和影响力，适应智能传播发展趋势。以 2019 年两会期间新华社推出的《"萌"姊代表记——全国人大代表赵会杰和小庙子村的新故事》为例，该报道用文字、图片、虚拟现实动画的形式展开叙述，被报纸头版头条刊登，主流新闻网站、新闻客户端和视频平台转载推送，上线 4 天全网总浏览量已经突破 2 亿，真正实现了全媒体传播。另一方面使用"巧劲"，对严肃认真的重大事件报道和晦涩难懂的财经、科技类报道，采用社交媒体式的标题、动画图表式的内容解说和短视频、H5 等动态参与式的形式以普通大众喜闻乐见的互联网文化符号传递新闻信息。比如新华社官方微信创造的"刚刚体"，3 天内使微信公众号增长 70 万粉丝；《好玩的 AI 来了！给旧时光上色重拾多彩 40 年》《点亮心灯世界》《时代记忆通讯社》等"爆款刷屏"产品浏览量过亿，RAP 歌曲 *Two sessions: To the World，From China* 更是因创新使用嘻哈等流行文化元素深受广大年轻受众群体的欢迎;《速扫！最高法工作报告上这个二维码给你惊喜！》在混合现实技术（MR）的基础上将二维空间的"二维码"与三维空间的"虚拟互动"结合起来，给受众提供沉浸式体验。截至 2020 年 11 月，新华社微信公众号订阅用户数突破 2000 万，官方微博粉丝数即将突破 1 亿，海外社交媒体集群粉丝总量突破 1.5 亿。

3. 依托传统优势，产业融合背景下寻找新的利益增长点，创新经营模式

随着传媒与互联网行业、家电、汽车及越来越多的行业边界的模糊，媒介市场形势瞬息万变。为了适应这种多点、多向的变化方式，新华社通过创新经营模式，寻求新的经济增长点以提高市场竞争能力。

一方面，新华社总社借助国内外各分社、支社的地方优势联合发力，实现内容精准营销，打造独特的以分支社协同运作为主的运营模式。具体来看，新华社总社通过技术、平台、产品和内容创新，鼓励和支持地方分支社加强区域业务拓展和客户服务，对接地方党政机关和区域性媒体机构需求。2017 年，新华社信息中心与新华社四川分社共同打造的"达州模式"，由原本的单一向达州日报社供稿改为向达州市委宣传部统一提供新华社全媒体稿件，再由宣传部统筹市县级媒体和政府网站统一使用，实现了新华社全媒体稿件对达州市报媒体、广电机构、网络媒体的全覆盖。此外，新华社还在达州举办"现场云"的培训推广活动，促使达州所有官方媒体入驻并有效使用"现场云"，加入新闻视频直播的队伍。

另一方面，新华社积极开发互联网增值业务，尝试拓展知识付费，进军数据电商，探索 OTO 盈利模式。截至目前，新华社拥有 4G/5G 入口、手机阅读、移动语音、手机视频、动漫游戏等移动增值业务以及互联网小镇 / 特色小镇、溯源中国（含食品溯源、医保药品鉴定核查、工业物联网）等拓展业务。同时，新华社提供教育平台技术服务、在线教育服务和党建活动服务，并尝试利用物联网、人工智能和大数据技术打造"国际一流公开智库平台＋内部研究院＋多元化智库产品"的智库运营链，发掘互联网生态下的市场增长点。

4. 建立"平台思维"，打造智慧化全媒体建设的基础设施

新华社建设以机构为服务对象的系列平台，在为建设智慧化全媒体提供技术支持和平台支持的同时，为党政机关、媒体机构和企事业单位提供定制化服务。其中，新华云智服务平台定位为基于移动互联网技术的产品和服务供给平台、社群平台、商务平台，将网络舆情监测分析中心信息咨询、舆情研报、舆情培训、监测系统、活动传播融为一体；炫知传播力服务平台聚焦于新闻传播效果分析评估，对新闻传播力形成过程、全网新闻传播力指数进行分析；新华睿思·数媒分析平台的重点是提升媒体内容生产能力和效率，同时还通过对热点事件追踪、网民态度的分析帮助政府机构提升网络空间治理能力，为企业品牌传播、危机公关提供支持。

新华社在以资讯为纽带形成联结世界各国媒体"朋友圈"的同时，还通过为全球媒体机构提供公共性平台服务的方式扩大其国际影响力。例如，新华社将其发布的"媒体大脑"定位为开放性媒体生产平台，国内外的媒体机构只要通过注册认证，都可使用该平台。

5. 坚守社会责任，肩负主流媒体职责使命，壮大主流舆论阵地

新华社是我国主流媒体的核心构成机构之一，其信息传播活动不仅体现机构的观点和立场，更代表国家和政府的立场、观点和主张，涉及舆论引导和话语权力等重大社会问题。新华社社长蔡照明在讲话中指出，"新华社是党中央的'喉舌''耳目'，本质上是党的政治工作机关。"身处真假信息混杂难辨、内容质量良莠不齐的网络传播和社交传播时代，新华社更加强调坚持正确导向，提供客观、及时、权威的新闻报道，并利用全媒体传播平台使主流声音占

据舆论高地。具体来看，新华社主要通过两种方式营造良好的舆论氛围。

第一，围绕重大事件专题，以互联网新形态传递、弘扬社会主义主流价值观。以 2018 年、2019 年、2020 年的重大事件专题报道为例，新华社围绕改革开放 40 周年、全国两会、博鳌亚洲论坛、上海合作组织峰会、中非合作论坛、两会等一系列重大主题报道，推出大型融媒体专题近百个，组织直播访谈 1000 多场，并推出 50 余个系列 900 多篇原创评论报道，生产出包括微视频《习近平代表的两会故事》、H5《总书记，您好！我是卓嘎》、短视频《纸短情长》、微访谈《履职故事》在内的一批持续"刷屏"的融媒体产品，持续占领全网终端平台"头部"空间，有力地引导了主流舆论。2020 年年初新冠疫情暴发后，新华社第一时间组建抗击新冠肺炎疫情专题报道团队。一方面，新华社成立前方报道指挥部，实时直播包括武汉在内的多场地方政府疫情防控工作新闻发布会，第一时间传递官方信息和权威数据；另一方面，新华社制作全媒体产品，以图片、文字、视频等形式全方位解读习总书记重要讲话和重大决策部署的同时，推出"新华社记者武汉 Vlog 日记"直击抗疫现场，制作《越是艰险越向前》《平凡的力量》等系列漫画和《你是英雄》《不负韶华》等抗疫MV，有效安抚群众情绪，传递中国必将战胜疫情的信心，其中，2020 年年初《国家相册》推出的疫情融合报道精品，全网浏览量超过 1000 万。

第二，新闻内容呈现出深度报道、平民视角和人文关怀的特征。描写搬迁脱贫的《羊小平砸缸》、叙述农民工春运回家的《开往春天的扶贫列车》等作品反映的都是社会转型时期人民普遍关注的问题，通过贴近人民群众的方式传递主流价值，引导社会舆论。疫情期间，以普通人的视角讲述抗疫经历的《驰援武汉！除夕夜，他们告别家人出发》和《武汉，负重前行——"封城"七日记》等报道呈现出平民化、有温度、回应社会关切等特征。

二、新华社发展战略与未来规划

1. 政治建社，始终履行好"喉舌""耳目"职能

习近平总书记在党的十九大报告中指出，我国的社会主要矛盾已经转化为人民日益增长的美好生活需要同不平衡不充分的发展之间的矛盾。社会主要矛盾的变化标志着中国进入新的发展时期。在这一时期，国内，经济体制、利益格局、社会结构和人民思想观念发生重大变化和调整，社会矛盾频发；国外，英国脱欧造成国际金融市场大幅动荡、中美贸易战愈演愈烈，新冠疫情引发的全球经济衰退、地缘政治冲突的升级和国家利益纷争的不断使得全球格局呈现错综复杂的局面。

在国内社会转型和世界政治经济转型的双重推动下，新华社作为党中央直接领导的新闻舆论机构，无论技术如何创新、市场如何变迁，在制定发展战略规划时摆在首位的始终是坚持政治建社，弘扬主流价值观，引导主流舆论，对内发挥信息沟通、舆论引导、民意疏导、社会压力疏解等功能，对外传递中国声音，澄清西方媒体对中国的错误认知，讲好中国故事，在国际社会中树立中国的和平友好形象。正如新华社社长蔡名照所言，新华社作为党中央的"喉舌""耳目"，发挥着统一思想、凝聚力量的作用，头等大事就是做好习近平总书记和习近平新时代中国特色社会主义思想宣传，画出最大同心圆，把亿万人民的思想和行动统一到党中央决策部署上来。❶

---

❶ 部分中央宣传文化单位负责人谈新时代使命任务推动宣传思想工作不断强起来 [EB/OL].（2019-02-14）[2020-02-21]. http://www.xinhuanet.com/zgjx/2019-02/14/c_137820620.html.

2. 新闻立社，集中精力搞好新闻报道主业

《中国大百科全书·新闻出版》将"通讯社"一词定义为以采集和发布新闻为主要职能，以报刊、广播电视台、电视台为主要对象的新闻机构。自19世纪初期诞生至今，"新闻报道"仍是世界各大通讯社主营业务。因此，通过技术研发和平台建设，完善新闻报道网络、重构新闻流程、提高新闻生产效率、增强新闻产品的市场竞争力始终是新华社数字化转型过程中的焦点和中心，也是未来新华社在数字化、智能化道路上继续探索的核心要义，更是我国全球信息话语权建设和国际传播能力建设的客观需求。如新华社社长蔡照明所言，新华社要聚焦新闻报道主业，一心一意抓报道。构建有利于保障报道中心工作的体制机制，深入推进采编、经营"两分开"，从体制上彻底解决采编、经营交叉顽症，在全国新闻界发挥示范作用❶。

3. 创新兴社，坚持"两端并举、移动优先"战略，加快实施"视频化"战略

2019年1月25日，习近平总书记在主持中共中央政治局第十二次集体学习时强调，要坚持移动优先策略，让主流媒体借助移动传播，牢牢占据舆论引导、思想引领、文化传承、服务人民的传播制高点。为响应中央号召，新华社提出"创新兴社"理念，着手实施"两端并举、移动优先"战略。

目前，新华社已经多次改版升级新华网网站和客户端，三次升级智能编辑部，加大"两微"原创内容生产，以长图、条漫、Vlog等创新形态制作《大学来了》《假如你认识》等全新栏目，丰富了新华社视频产品体系。在未来，新

---

❶ 蔡名照. 始终履行好党中央"喉舌""耳目"[J]. 今传媒，2016，24（3）：142-143.

华社将继续推进智能编辑部 4.0 建设，在提升人机交互和用户体验的基础上升级网站和客户端，并大力发挥媒体创意工场的支撑作用，充分发挥 MOCO 系统和 MR 智能演播厅的技术优势，在提升研发能力和融合创新能力的基础上，稳步推进新华社的移动化转型。

新华社数字化发展大事记

1997 年 11 月，新华通讯社网站正式成立，网址：www.xinhua.org；

2000 年 7 月，启用新域名 www.xinhuanet.com，更名为"新华网"；

2001 年 3 月，独家直播全国"两会"，开网络媒体先河；

2001 年 6 月，新华电信宽屏网成立；

2002 年 3 月，获准在人民大会堂设立"两会"，历史上第一个多媒体直播间；

2003 年 7 月，待编稿库系统正式运行，新华社多媒体新闻信息采编平台诞生；

2003 年 9 月，"中国图片总汇"（www.photomall.info）正式推出；

2004 年 7 月，新华社多媒体数据库正式对用户提供服务；

2007 年 10 月，线上新华社金融信息平台成立；

2009 年 5 月，新华社多媒体中心组建；

2009 年 9 月，新华社手机电视台正式成立开播；

2010 年 1 月，中国新华新闻电视网中文台正式开播；

2010 年 7 月，中国新华新闻电视网英语台正式上线；

2012 年 3 月，推出新一代移动增值产品"新华炫闻"；

2012 年 11 月，新华社新媒体中心成立。

2014 年 6 月，"新华社发布"客户端上线发布；

2014 年 8 月，与中国联通动漫运营中心共同打造"4G 入口"全国首个示范基地；

2015 年 7 月，新华社全媒体报道平台正式上线；

2015 年 11 月，新华社写作机器人"快笔小新"上线运行；

2015 年 12 月，国内媒体首个生物传感智能机器人"Star"推出；

2016 年 5 月，新华社产品研究院成立；

2016 年 6 月，新华云智服务平台正式上线；

2016 年 10 月，新华网股份有限公司在上海证券交易所成功挂牌上市；

2016 年 10 月，炫知传播力服务平台正式上线；

2017 年 1 月，"新华社微悦读"微信小程序正式上线；

2017 年 1 月，新华社全媒体报道平台组建"第一工作室"，专门负责重点融媒体产品的可视化报道；

2017 年 2 月，"现场云"全国服务平台正式上线；

2017 年 3 月，新华社全球视频智媒体平台正式上线；

2017 年 12 月，中国第一个媒体人工智能生产平台——媒体大脑正式发布；

2018 年 1 月，新华社英文客户端（Xinhua News）正式上线发布；

2018 年 4 月，新华睿思数据云图分析平台正式上线；

2018 年 5 月，与科大讯飞联合成立新华讯飞智媒体实验室；

2018 年 11 月，与搜狗联合发布全球首个 AI 合成主播；

2018 年 12 月，MAGIC 短视频智能生产平台正式上线；

2019 年 3 月，与中国信通院共建 5G 新媒体实验室；

2019 年 5 月，与清华大学五道口学院合作，推进国家金融信息平台建设；

2019年6月，与塔斯社合作推出俄文 AI 合成主播；

2019年11月，获批"媒体融合生产技术与系统国家重点实验室"；

2019年11月，与深圳证券交易所联合启动全球指数体系项目。

第四章　路透社数字化转型发展研究

第一节　路透社概况与数字化发展历程

一、路透社简介与现状

路透通讯社（Reuters），简称路透社（见图 4-1），由保罗·朱利斯·路透于 1849 年创建，总部设在英国。在 170 余年的发展历程中，路透社在不同历史阶段技术发展关键点做出的决策为路透社把握行业发展机遇、夯实自身实力发挥了关键性作用。例如，1851 年 10 月，在英国成立海底电报线办公室，主要负责提供股市行情等金融信息。1858 年，路透社拓宽内容范围，填补了新闻通讯上的空白，知名度逐渐提升。1865 年，路透社进行重组，扩充为股份有限公司，即路透社电报公司。1923 年，路透社开创了使用无线电于国际间新闻传播的先例。1984 年，路透社在伦敦证券交易所和纳斯达克挂牌上市，成为公开上市公司。2007 年 5 月 15 日，加拿大汤姆森集团和路透集团发表合并声明，新公司名为汤森路透（Thomson Reuters），由此路透社成为路透集团的一部分，通讯社业务占汤森路透集团的 5%。

图 4-1　路透社标识

　　路透社是全球规模最大、历史最悠久的世界性通讯社之一。目前，路透社在全球 94 个国家、200 个城市设有 197 家新闻分社；在美国、日本、中国香港、瑞士设有分公司，约 2500 名一线采编人员。在没有设立分社的地方，路透社通过雇佣本土兼职记者或通讯员的方式获取当地一手信息。路透社通过 16 种语言的各类新闻报道与金融数据，覆盖了全球 120 多个国家与地区，为全球数十亿人提供可靠信息。除一般新闻以外，路透社所发布的经济资讯主要是为英国和西方大企业服务的商情报告。经济资讯已成为路透社最具特色的业务，也是机构的主要收入来源之一。2018 年，路透社与路孚特（Refinitiv）签订了 30 年的合作协议，也由此带来路透社 2019 年度收入的大幅增长。2019 年，路透社发布了超过 200 万条独家新闻、150 万条新闻通讯、81.4 万张图片和图像以及 12.9 万条视频故事。

　　目前，路透社的主要用户为分布在全球 100 多个国家的 780 家广播电视机构、2000 多家媒体客户和 1000 多家平面媒体客户，主要竞争对手包括美联社、法新社、彭博社和道琼斯。由于路透社在提供线上跨国新闻服务领域的先锋地位，当前面临着网络攻击、数据盗用等风险。路透社虽然在名义上机构性质是私人企业，但实际上仍在资金、业务等方面与英国政府有着密切的关联，路透社的国际新闻也在一定程度上紧密配合着英国政府的外交活动（见表 4-1）。

表 4-1 路透社 2015—2019 年收入情况 ❶

年份	2019	2018	2017	2016	2015
收入 （单位：百万美元）	630	370	296	304	296
在集团总收入占比	11%	7%	3%	3%	2%

二、路透社融合发展进程

自 20 世纪 90 年代以来，在数字技术的应用和机构运营的数字化转型过程中，路透社通过持续不断的变革和创新，适应资讯行业及更大范围内的政治、经济、技术环境变迁。回顾历史，路透社的数字化发展进程大致可分为以下 3 个阶段。

（一）初探期（1990—1999 年）：改进信息服务，提供新闻批发业务

20 世纪 90 年代，路透社的数字化进程随着互联网的发展和数字技术的应用与普及拉开序幕。在数字化转型的初探期，路透社将重心放在了改进信息服务上。

早在西方主要工业化国家放弃固定汇率的 20 世纪 70 年代，路透社就意识到电子外汇市场将是一个改变世界的创新，随之上线了外汇汇率监测服务。在随后的几十年中，这一领域也一直是路透社新技术导入的先发领域。20 世纪

---

❶ Reuters . Annual Report 2019[EB/OL]. （2020-03-10）[2020-10-11].https：// ir.thomsonreuters.com/static-files/e16cf13e-228b-4abf-97f2-e626fda56871.

90 年代，随着数字化时代的来临，路透社便迅速将这一技术应用到外汇交易信息服务中。1992 年年初，公司推出 Dealing2000，着手在硬件系统方面改进信息服务，这也是全球首个电脑化的汇率比较服务。1996 年，路透社推出集股票、储备与货币产品为一体的"系列 3000"，为客户提供历史信息和实时新闻资料。

这一时期，路透社大力拓展面向传统媒体和网络媒体的新闻批发业务。1992 年，路透社收购了维斯纽斯电视新闻社的全部股份，并将其改组为路透电视公司，每天为全球 900 多家广播电视机构提供电视新闻。1993 年，路透社开始向互联网网站提供新闻批发业务。1998 年 6 月，路透社决定向美国奈特·里德报业集团开设的 40 个网站提供新闻。1999 年 5 月 17 日，路透社与美国道琼斯公司决定组建道琼斯—路透交互式商业公司，用 20 多种语言提供来自《华尔街日报》、道琼斯公司和路透社新闻网以及全球 7000 多个商业消息和信息来源的重要信息。

初探期的路透社对网络技术有初步涉猎，但并未有较大的重心倾斜，将网络媒体视为新兴市场，将互联网等技术作为新闻资讯服务的技术支持。因此，路透社这一时期的发展重点专注于对原有的新闻资讯服务市场的拓展和服务质量的提升方面，服务内容及服务形式都较为单一。

（二）发展期（1999—2008 年）：拓展新媒体市场，收购核心优质公司

伴随媒介融合的推进，以"新闻聚合"为特征的门户网站大量兴起，成为挑战传统通讯社新闻信息"集散中心"地位的重要新生力量。在此背景下，路透社进行战略调整，加速拓展新媒体市场，打造复合型产品线。

1999 年 7 月，路透社正式成立路透新媒体国际公司，该机构是路透社在国际化视野下对新媒体业务的一次战略布局，主要承担面向全球新闻网站和各

类新媒体企业售卖资讯内容的责任，同时也是路透社国际新媒体市场动向的洞察者。由此，路透社全面步入数字化转型的新阶段，数字业务的国际化拓展同步展开。

这一时期，路透社迅速介入了几乎所有新媒体领域，包括博客、播客、手机电视、网络电视、即时信息、网络游戏等。2004 年 10 月 12 日，路透社首先在美国开通了网络电视新闻频道；2005 年 2 月，又在英国开播路透网络电视新闻频道。2005 年 12 月，路透社宣布试运行"网络视频联盟"项目，允许加盟的报纸、杂志、金融网站、博客及其他新闻网站在自己的主页上播放路透社新闻视频。同年，路透社与芝加哥商业交易所（CME）建立合作关系，建立起了新的外汇交易服务体系 RTFI 和 RTFE（Reuters Trading for Fixed Income &Reuters Trading for Foreign Exchange）。2006 年，路透社推出全球首个面向金融行业的自动化新闻服务，使传统的新闻推送输出转变为由机器完成的自动"读取"。10 月，路透社在网络模拟游戏"第二人生"中设立记者站，由资深记者亚当·帕斯克负责在虚拟世界中报道新闻。与此同时，路透社也通过在全球范围内收购优质公司的方式强化核心业务能力，包括英国专业体育图片社 Action Images 公司、瑞典的全球金融数据提供商 EcoWin 公司等。这些公司为路透集团的金融数据、信息服务等业务板块提供了专业的资源支持和技术支持。

这一发展阶段的路透社反应灵敏，率先积累了新媒体市场的资源优势和优质公司的辅助支持，在不到 10 年的时间内就将金融资讯服务打造成了路透集团最核心的竞争优势。

（三）重构期（2008 年至今）：从通讯社到传媒集团

2008 年，汤姆森集团和路透集团合并，更名为汤森路透集团，这成为路透社发展史上的一个重要节点。并购后的汤森路透集团将各项子业务进行关联重组，其中，路透社被归入了"媒体"业务之中。

集团整合完成后，汤森路透将原汤姆森集团与路透社在金融资讯领域积累的优势和资源进行对接，推出融合化的金融产品和数据服务。2010 年，汤森路透推出了两款服务于金融市场的新产品——Eikon 和 Elektron。其中，Eikon 是面向金融行业研究员、分析师的一站式桌面资讯终端，提供包括公司基本面资料、盈利预测、市场报价、行业新闻、技术指标、交易评论、分析工具等丰富的资料和系统工具，Elektron 则是一个开放的、交互式的高速交易和数据基础架构。

2013 年，汤森路透推出了开放式信息网络 Eikon Messenger，创建了全球最大的金融专业人士社区，改变了客户与同行沟通的方式。2015 年，面向数字时代电视新闻服务的路透电视（Reuters TV）正式上线。2017 年，路透社面向现代出版模式上线了内容交易市场路透连接（Reuters Connect）。该平台涵盖了包括路透社和其他媒体机构生产的多媒体内容，并建有完备的交易结算系统。

2020 年，路透社宣布路透社与脸书合作提供美国大选之夜的实时结果，尝试探索通讯社与社交媒体平台合作的新可能。美国大选之夜，路透社提供的各类数据将显示在脸书的投票信息中心，并在推送通知中共享，包括实时选举结果、实时结果图表、投票结果列表、民意测验数据以及来自国家选举池（NEP）的获胜者预测。

在汤森路透集团的财报上，路透社的定位为为全球的报纸、电视和有线网络、广播电台、网站以及 Refinitiv 提供实时的多媒体新闻和信息服务。可以看到，这一阶段的路透社开始面向更为多元的媒介形态、传播渠道、传播方式，提供的新闻服务类型也需要更为多元化。在此期间，大数据、云计算、人工智能等新技术不断涌现，作为新汤森路透集团的一部分，路透社也紧随技术发展的步伐，开发出多元化的新产品，在业务领域和人才培养上都展开了相应的探索。

第二节　路透社数字化转型路径与代表性产品分析

一、路透社数字化转型路径分析

（一）技术改革与应用

1. 紧随技术发展步伐，重视技术投入

丹尼斯·麦奎尔在其著作《受众分析》中写到，真正的传播革命所要求的，不只是讯息传播方式的改变，或者受众注意力在不同媒介之间、时间分布上的变迁，其最直接的驱动力，一如以往，是技术。[1]

纵观路透社近两百年的发展史，技术的改革与推进扮演着十分重要的角色，而路透社对技术的发展也保持着极高的敏感度，成为多项新技术最先"吃螃蟹的人"。1923 年，无线电报问世，路透社便开创使用无线电传播新闻的先例。20 世纪 50 年代，路透社再一次引领潮流，在伦敦建立了一座无线电台，通过无线电广播接收最新消息。20 世纪 80 年代，路透社创新性地将视频技术应用于线上外汇交易服务，使交易员能够在视频化终端完成交易操作。

进入 20 世纪 90 年代，数字技术、信息网络技术飞速发展，在众多传统媒体机构认为自身发展受到严峻挑战的时候，路透社却认为是机遇大于挑战。

---

[1]　丹尼斯·麦奎尔.受众分析［M］.刘燕南，李颖，杨振荣，译.北京：中国人民大学出版社，2006：156.

2000年，路透社宣布要在此后的4年中投入5亿英镑实现互联网化，利用互联网将原先分散的系统联系起来，进一步提高服务效率和质量。2008年路透集团与汤姆森集团合并为汤森路透集团之后，路透社开始积极在大数据、云计算、人工智能等多项新技术领域进行尝试，如利用大数据和云计算重塑新闻生产过程，创建"新闻追踪"（Reuters News Tracer）项目、启用AI新闻助手Lynx Insight以构建自动化新闻编辑室，推出视频直播服务，开展VR试验等。

路透社也跟随行业热点，进行新媒体技术领域的投资。例如，2006年博客业务兴起时，路透社向专门从事博客经营业务的美国布拉克公司投资了700万美元。2005—2007年，路透社年均投资额达到7.74亿美元。从汤森路透集团发布的财报来看，合并以后的集团高度重视对内部信息平台和外部产品、服务的资金、技术投入，每年都会投入大量资金用于构建企业的信息平台，支撑并购进来的数字化资产的整合和运营。目前，汤森路透集团在全球拥有40多个技术研发中心，集团技术人员占到了总员工数量的30%，包括路透社在内的集团的每一个业务部门都能够从这个平台系统和研发体系中受益。

2. 借助数据库整合资源，开发平台集成自身业务

汤森路透的投资结构显示，数据中心的建设以及媒介传播平台的建设是其近年来的主要投资支持点。目前，路透社数据中心提供的内容包括实时金融信息、交易功能、分析工具、风险及交易管理系统、历史数据库以及面向世界媒体机构提供的文字、图片、图表、视频等。其数据库具有庞大的数据量，并将路透社金融、媒体领域的资源整合在一起，能更好地为客户定制专属的内容和解决方案。

路透社建设了多个媒介传播平台，用以集成自身业务，便于打造面向受众的一站式服务。2017年，路透社推出路透连接，通过吸纳合作媒体、用户自制内容扩充内容池，提高平台价值。路透视频新闻交付接入平台World News

Express，该平台与所有广播电视新闻编辑室系统兼容，专门用于支持路透社视频的交付，能够通过卫星、光纤或 IP 直接将视频导入用户的生产系统中，并附有详细的镜头列表、脚本和元数据。此外，路透社还建设有路透图片平台 Reuters Pictures Platform、应用程序接口 API & Feeds、新闻门户平台路透网（Reuters.com）。

3. 与新媒体技术公司合作，搭建多媒体信息服务平台

为抢占传播渠道，丰富报道手段，路透社积极发力新媒体，在网络视频、网络电视、网络游戏等多头出击。然而业务的搭建需要投入大量的人力物力，基于此，路透社选择了与不同类型的公司开展合作探索的道路。

1999 年，路透社与道琼斯集团共同组建了道·琼斯路透交互式商业公司，用 20 多种语言为全球用户提供来自各大媒体的商业信息和信息来源。2002 年，与微软合作开发即时信息平台——Reuters Messaging（后更名为 Eikon Messenger）。该平台方便用户查询对方是否在线等消息，并且支持"一对一"和"一对多"的对话。近年来，路透社加大了对交互式图表报道这类数据新闻的投入，通过与技术公司 Graphiq 开展合作，将一些报告的文本稿件转化为可视化数据。这种可视化表现形式很快成为广泛用户欢迎的新型产品。例如，路透社运用诺贝尔基金会的数据做出了历年诺贝尔奖得主的互动图表，读者可以自由选择以所属机构或国籍为纵轴，获奖领域或获奖年代作为横轴，还可以根据"所有获奖者""女性""是否健在"等选项筛选数据和重新生成可视化图表（见图 4-2）。

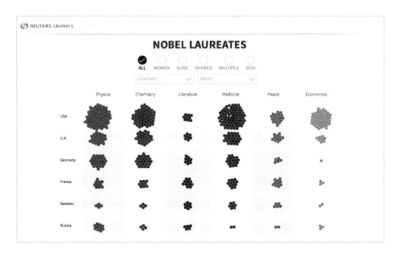

图 4-2 路透社诺贝尔奖得主互动图表界面

与新媒体技术公司的合作减轻了路透社数字化转型中技术开发的负担，同时也加快了路透社数字化转型的步伐。

（二）组织结构调整

1. 以全球一体化信息技术基础架构整合地理上高度分散的组织结构

路透社对总部和分支机构采用了不同的组织整合方式。在英国伦敦，路透社通过空间集中的方式加强其总部的运营能力。2005 年，路透社的伦敦总部从舰队街搬迁金丝雀码头，将包括社论部在内的所有伦敦员工集成在同一栋大楼内办公，以此为部门间的沟通和交流提供便利。

在全社范围内，路透社采用标准化体系和开放的技术，运用虚拟化和远程管理等手段，建构全球一体化的信息技术基础架构，对地理上高度分散的组织结构进行整合，使得在世界任何分支机构的路透社人员都如同在总部一样，在同一标准流程和模式下开展工作，从而大幅提高了机构内部运作的协调性和协同性。同时，路透社还利用统一通信技术实现了包括语音、数据、视频等内容的系统内传输，通信终端设备"软电话"（softphone）保证了用户只要在同一网内，就可以不受限制地进行通话，这使得员工能在家里登录与办公室同样的桌面办公，同时也为更多在外工作的新闻采编人员带来了便利。

2. 以机构改组、兼并收购，提高数字化竞争力

路透社与金融业的密切联系也使之成为世界性通讯社之中最善于借助金融手段实现自身发展的一家通讯社。早在 20 世纪 80 年代，路透社就进行了机构改组，实现了路透社控股有限公司在伦敦证券交易所和美国纳斯达克交易所的双上市，从而为路透社的数字化转型提供强有力的资金支持。

2008 年，加拿大汤姆森集团以 159 亿美元收购了路透社，并购之后更名为汤森路透集团，路透社保留为汤森路透集团的独立业务部门，并且是公司中唯一一个从事提供多媒体新闻服务业务的部门。具体而言，本次合并带来的数字化竞争力提升主要体现在以下 3 方面。

一是减少竞争对手，缩减运营开支。此前，路透社、汤姆森集团和彭博社在全球的金融信息服务领域处于三足鼎立的局势。合并之后，路透社和汤姆森集团的优势资源得以整合，形成了一个基于信息、资讯服务的传媒集团，相同业务得以合并，竞争性支出得以缩减。合并也带来了全球范围内重合岗位的裁员，仅 2008 年，路透社全球裁员超过 1500 人；节省开支的效果也立竿见影，仅合并后的第二年即 2009 年，新公司的运营开支就减少了约 11 亿美元。

二是市场覆盖更为广泛。合并前，路透社收入的主要分布集中在欧洲市场，汤姆森集团主要集中在美洲市场，二者的合并扩大了汤森路透在全球的市场占有率。目前，美国已成为路透社最大的收入来源地区。

三是产品服务互相补充。路透社产品内容的强项是新闻和即时信息，擅长企业平台的风险管理和交易，而汤姆森集团主攻数据分析和历史数据，二者合并之后增强了路透社的数据利用和处理能力，使之在数字化转型中拥有更为强大的数据支撑。

2018 年，汤森路透还与黑石集团管理的私募股权基金建立战略合作关系，一方面，出售金融和风险业务 55% 的多数股权，保留路透社新闻业务等的全部所有权，以调整产业结构使汤森路透能专注于核心业务的发展；另一方面，促成新成立的金融和风险部门和路透社的合作关系，在 30 年的协议期限内，路透新闻每年为其提供新闻和社论内容从而获得至少 3.25 亿美元的回报，从而为路透社及汤森路透集团的发展提供了资金支持。❶

（三）数字人才培养

1. 建设全能智媒人才队伍，打造"现场编辑"模式

受众对视觉效果和新闻及时性的需求推动了路透社全能智媒人才的培养进程。在全球范围内，路透社共有 2500 多名记者。为了充分利用这一人才优势，路透社试图打破旧模式，培养全能型人才。2015 年，路透社启动移动新闻培训项目，开发了采编软件，让记者能够更加方便地使用移动设备采集视频图片。在此之后，路透社针对记者和编辑开展了移动新闻创作、摄影以及可视化图表等相关技能的培训。如路透社全球多媒体编辑詹姆斯·巴雷特（James Barrett）所言，我们有实地记者的优势，因此我们需要培养他们"图像化"的思维习惯和整个团队独立创作的能力，而不是把这些工作再交给其他专门的团队来做。❷

对记者的全方位技能培训使信息采集变得更加简便快捷，记者除了具备文

---

❶ Reuters . Annual Report2017［EB/OL］.（2018−03−16）[2019−11−07].https://ir.thomsonreuters.com/static−files/dd5b380d−7e0e−4316−b693−bec293daaece.

❷ 路透社"数字养成"计划：培养智媒人才 [EB/OL].（2016−11−25）[2020−02−12]. https://news.qq.com/original/quanmeipai/shuziyangcheng.html.

字写稿的经验，还具备图像、视频处理的技能，当记者通过自己的移动设备记录新闻视频时，相关文件将被自动编码，随后传送到服务器。编辑可以实时对记者进行提问，并让前线记者提供后续信息和材料。用巴雷特的话说，我们想让信息采集变得更加简便快捷，让前线记者的镜头和声音尽快传回编辑部，尤其是有突发新闻的时候。同时，路透社还开发了一系列能对信息和数据进行自动化采集、整理的内部工具为一线新闻工作者提供支持，包括能够实时数据采集并执行计算的 Live Data、自动抓取相关元数据的 FastWire、自动将关键字翻译成多种语言的 Leap。

2. 发布网络报道守则，明确数字环境新闻采编原则

数字时代，记者不仅从现实空间发掘新闻，也开始利用计算机辅助开展新闻采写与报道。因此，搜索引擎、社交媒体等网络平台成为记者进行新闻与信息采集与发布的平台。但现实世界的新闻原则延伸到互联网中会有差异，此外由于互联网的虚拟性，也会产生新的问题。对此，路透社一方面支持记者利用一切可能的新技术为用户提供新闻信息，另一方面也制定了网络报道守则来引导和规范记者对社会化媒体等网络平台的使用，以维护路透社"客观、独立、不偏袒"的声誉。

在网络空间中进行新闻采集，路透社也要求员工须遵循客观主义的新闻专业规范。互联网可以成为记者发现新闻线索、探索新闻事件的工具，但信息并不等于新闻，并不意味着互联网的信息可以直接作为新闻素材使用。路透社要求记者谨慎使用包括维基百科在内的由网民自发合作、编撰而成的信息，以及社交媒体平台上用户发布的信息；即使是公开可信的信息，交代来源仍然需要作为报道原则遵循，记者使用从网络上获得的信息时，必须交代这些信息是如何获得的，收集信息的有关事实必须在新闻的显要位置予以突出，以维护新闻报道的透明性与独立性。除了客观准确的要求外，路透社也要求记者尊重网络内容版权与网络用户隐私，即便是在聊天室或其他在线平台中，也不能用窃取等非法手段获取新闻。可以从网络上的公开信息中发掘新闻，决不准通过破译密码或其他安全措施的方法取得信息。❶

随着社交媒体的发展，公共区域与私人区域的域界限日渐模糊。社会化媒体既是记者搜集新闻线索的工具，也是个人开展社会交往的场所，可能模糊记者的职业行为与个人行为之间的界限，并与路透社的声誉相关联。因此，路透社也对记者对社会化媒体的使用做出了规范。首先要求记者将工作账号与个人账号分开，将私人内容从工作账号中剥离，使用独立的账号采集新闻。当记者以职业身份使用脸书、推特等社会化媒体时，必须上报主管，并谨慎公开个人信息，留意个人留下的"网络足迹"，避免暴露记者过多的个人倾向性。记者在网络空间也应随时保持作为记者的判断能力，避免发布虚假与争议内容损害路透社声誉。

路透社的守则中也对记者如何在互联网时代进行自我保护提出了建议，例如记者对于可能产生争议的信息，要保存有关网页，打印网页快照，以免受到"捏造信息"的指责。记者一定要学会"抓屏"。当网页被撤销后，抓屏留下资料是保护记者的最好证据。

（四）角色定位转变：通讯社转型信息服务商，批发零售双轨并行

在传统的信息生产分发流程中，路透社与其他通讯社一样，是信息生产的源头机构，处于行业的上游领域，作为信息的批发商，路透社的产品通常以新闻机构为主要用户，并不直接面对个人受众。随着新媒体的发展以及移动端的普及，受众的注意力逐渐发生了转移，传统媒体用户收入下降，部分报业客户面临生存困境，也直接对路透社新闻信息批发业务产生影响；另外，互联网和

❶ 文建.怎样规范使用博客、微博等社会化媒体——路透《网络报道守则》主要内容和要求［J］.中国记者，2010（6）：94-96.

移动互联网的普及也为路透社提供了自建平台和渠道（网站、客户端），直接面向个人用户提供新闻信息服务的可能。

2016 年，路透社明确表示，机构自我定位已由新闻通讯社转为信息服务商。因此，在各种形式的资讯产品、平台化服务产品以外，路透社还提供媒介解决方案，如社交媒体内容解决方案聚焦于为用户提供有关社交媒体平台流行主题的、版权清晰的可直接发布的内容；实时发布解决方案聚焦于为用户提供 9 种语言的可直接播放也可完全编辑的视频、音频新闻内容和素材，它们可以直接插入电视直播或发布在网站、社交媒体平台。

由通讯社转型到信息提供商的角色定位转变是路透社在数字化转型中采取的重要路径策略，也成为对路透社的后续发展路径选择具有决定意义的关键点。路透社继续出售新闻信息给媒体客户，同时也在新媒体领域开辟直面受众的服务。用户可以通过路透社的网站、移动客户端等渠道获取信息，并且可以通过网络订阅路透社的新闻、股票、证券、交易、商品等各方面的咨讯。路透社希望借助这种方式扩展一个更大的市场，并在其中嵌入广告销售这种新的盈利模式。

二、路透社产品体系及经营状况分析

（一）路透社产品体系概况

路透社的产品体系整体根据内容可以划分为传媒以及财经两类，其中传媒类产品又可以根据产品类型划分为资讯、服务、互联网平台 3 种类别。

财经系列产品是主要服务于金融、税务、法律专业人士的产品，包括 Eikon、Elektron、World-check、Westlaw 和 Onesource，该系列产品处于行业内领先地位，为用户提供了从业所需的信息与资料。

传媒系列产品主要依托路透社媒体领域资源，为媒体、企业、个体用户提供新闻服务、广告方案等媒体业务服务。其中，资讯类产品主要包括路透网、路透新闻、路透电视，主要依托路透社遍布全球的记者与专业的编辑团队以及对受众特征的精准把握，是路透社在新媒体发展和移动端普及的数字发展趋势下开辟的直面受众的资讯产品。服务类产品主要包括路透新闻社（Reuters News Agency）、路透 plus（Reuters plus）、路透社区（Reuters Community）、广告方案（Advertising Solutions）等，主要面向媒体与企业客户提供新闻服务及内容定制、广告方案、新闻业改革建议等定制化的服务，为客户定制专属的内容及解决方案。此外还包括路透多媒体平台路透连接，平台类产品用以集成路透社自身业务、聚合多方资源，以形成平台效应和网络效应（见图4-3）。

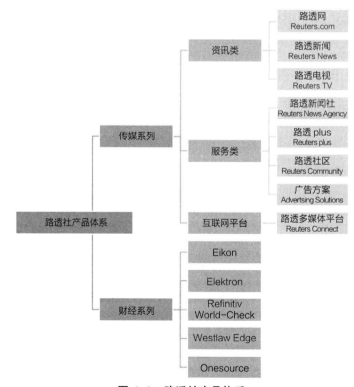

图 4-3 路透社产品体系

（二）路透社代表性产品

1. 路透网

路透网是路透社的官方新闻网站（见图 4-4），向读者呈现 9 大板块的新闻资讯内容，包括资讯、深度分析、时事要闻、专栏、专题、独家、生活、投资和市场，为读者提供世界热点地区的经济新闻、突发事件报道、深度分析、观点评论和生活时尚资讯。每个版块所覆盖的话题与内容根据不同国家和地区进行调整，旨在为该地区的受众即时、准确地提供其所需的内容。

图 4-4　路透网页面截图

2017 年，路透网为了更好地适应社交传播的趋势，根据获得的用户习惯和数据对网站进行大幅度改版，目标是帮助读者快速决定阅读哪些新闻，以及与他们直接相关的新闻信息，如事件发生地点、涉及行业、可能对财务造成的影响等。其中，此次改版尤其注重对文章版面的设计，而不是网站首页的设计。如路透用户总经理艾萨克·修曼（Issac Showman）所言，包括路透社在内的所有媒体都通过社交媒体平台发布信息、获取读者，当读者对某条信息有兴趣时，根据链接直接打开的是文章网页，而去网站首页看新闻的人却很少。在这一思路的影响下，路透社也对其社交媒体账号运营给予了充分重视。截至2020年1月31日，推特平台的外显数据显示，路透社官方账户"路透社"（@Reuters）的关注用户规模超过2110万，位列新闻类账号第7，也是该平台用户规模最大的通讯社账号。

2. 路透新闻客户端

为了应对日益增长的移动数字新闻消费，路透社推出了路透新闻客户端，为用户提供实时新闻信息。

路透新闻将其目标客户从一般新闻受众转向商业专业人士，并在提供内容、界面设计、运营理念及策略等方面处处注重与目标受众的匹配。路透新闻涵盖的内容包括行业及公司动态、金融市场报道和深度评论等，旨在为用户进行即时的商业决策提供专业的新闻信息。在界面设计上，借鉴了社交媒体滚动显示的时间线设计，当用户向下滚动新闻时，所看到的不仅是新闻标题，还包括段落摘要，从而使用户无须点击链接就能迅速获取新闻要点。在运营策略上，路透新闻遵循"少即是多"（less is more）的理念，重视内容质量与事实审核，致力于为专业用户提供更优质的内容，使其在更少的时间内获得更多的有效信息与深度分析。

路透新闻具有突出的用户自主个性化定制功能，用户可以通过5000个不同话题的内容实现内容定制，将新闻内容与用户个人需求相匹配，从而允许人们管理自己的"新闻专线"。同时，路透社安排了6位数据科学家来分析应用的用户数据，使移动客户端能够以用户行为指标适应用户习惯，适时为用户推荐其有意愿阅读的新闻内容。在客户端的数据指标的设计过程中，路透新闻也针对行业用户的特征进行了创新，如更注重用户的停留时间，通过用户使用时长来衡量内容而不再注重点击量。"如果我们把我们该做的事情做好了——也就是通过我们的文章帮助用户更好地做出商业决策，那么他们就无须花费更长时间阅读更多内容。"路透用户总经理艾萨克·修曼表示，这种策略或许会影响页面浏览量的数据，但最终将带来更好的用户体验。❶路透社希望通过关注用户效用，使路透新闻移动客户端成为专业人士不可或缺的工具。客户端上的新闻信息服务是免费的，但部分专业、可靠的商业信息则需要通过付费获取。

3. 路透电视

路透电视是路透社在 2015 年 2 月 4 日推出的点播视频新闻服务（见图4-5），这是一款以短视频为媒介的新闻应用，旨在将全球发生的热点事件用短视频的方式传递给用户。路透社认为，未来的机会在手机端，视频业务也应该是"移动"的，因此将视频业务的投资放在移动端。

随时随地供你读取新闻　　自动下载以供离线观看　　实时直播世界性大事件　　助你深入了解年度大事记

图 4-5　路透电视界面 ❷

---

❶　Reuters . Reuters new app focuses on total time spent[EB/OL].（2018-07-31）[2019-11-30]. https：//digiday.com/media/reuters-redesigns-app-focus-total-time-spent/.

❷　Zuimeia. Reuters TV[EB/OL].（2016-07-14）[2019-12-10].https：//mp.weixin.qq.com/s/bB_qUVkC3MlSGs1KNXS29Q.

路透电视即是路透社在数字化时代移动视频新闻领域的革命性尝试。它将目标受众定位于数字原住民群体，他们很少观看传统电视、不习惯时序性播放，习惯使用平板、智能手机等移动终端，习惯使用触摸屏进行内容选择。因此，路透电视业务首先上线的就是其移动客户端。

　　路透电视客户端采取了多样化的途径满足客户需求，如在内容方面通过路透社自有内容和 UGC（User Generated Content）内容的结合，增加内容量的同时，丰富内容风格；在资讯发布方面，将重点内容推送与根据用户兴趣、位置、观看历史的推送相结合，保障用户既不漏掉重要新闻，又能便捷地获取自己需要、喜爱的内容；客户端设计上，从主屏界面、内容选项到排版、配色、操作步骤都进行了人性化的设计。因此，客户端上线以后，用户规模增长迅速。

　　但是，路透电视商业化发展的过程中也曾面临盈利模式的困境。在客户端上线初期，路透电视采用付费墙模式，即用户可以免费试用一个月，试用期结束后则需要支付每月 1.99 美元的月费。这一时期用户对付费模式的反馈颇为负面，且被证明阻碍了用户量的进一步增长。路透社迅速舍弃付费模式后，用户量获得迅速提升。同时，为了保证营收，路透社推出了路透电视客户端的发布商版本，发布商可以将自己的广告投放在视频前以保证收入，Synchrony Financial（同步金融公司）在该客户端上所做的一次广告宣传达到了 100% 的完成率。路透社相信，通过更精准地把握对优质用户有需求且愿意为此付费的高端用户可以为该客户端未来恢复付费模式打下基础。

　　目前，路透电视除了客户端外，还有自己的网站、电视盒子等，其自有内容还在 Roku、Apple TV 等新媒体平台上播放，主要市场也从英国、美国向更多的欧洲和亚洲国家发展。

4. 路透新闻社

　　路透新闻社实际上保留的就是路透社最传统也是最核心的、面向机构用户的信息服务。凭借覆盖全球的信息传播网络与专业化的记者和编辑团队，路透新闻社为全球范围内的 2000 多位媒体客户与 1000 多位平面媒体客户提供综合性的新闻服务，同时也面向政府机构、医疗卫生机构等非媒体行业的客户提供服务，信息触达全球数十亿人群。通过访问路透新闻社网站（https：//www.reutersagency.com），客户可以获取自己所需的服务。

路透新闻社所提供的服务包括新闻专线、档案库内容及客户定制服务两类。在内容层面，新闻专线服务提供使用 9 种语言报道的全球 17 个区域的新闻，主题涵盖商业、政治、科技、娱乐等不同内容，使记者、编辑、广播电视公司和数字出版商可率先跟进新闻事件并追踪事件进展，利用可即时发布的媒体包（包括照片、图表、视频）等进行全面报道；档案库服务为客户提供横跨 3 个世纪的历史重大事件的新闻报道及 100 多万条视频片段，客户可以通过订阅服务对档案库中的内容进行下载与使用。

路透新闻社还为客户提供定制服务，可以帮助客户制作为受众量身定制、制作精良、多种语种、可即时播出的自定义节目；提供现场报道所需的记者、编辑、摄影及工程团队、覆盖全球的新闻报道设施及直播点，帮助客户专注于新闻事件本身；以及帮助客户利用路透社的内容发布网络寻找受众。

值得关注的是，路透社还基于多年积累的数量庞大的多元化、多语种信息提供人工智能机器训练服务。路透社有关"机器学习"业务的介绍中写道，路透社拥有 4500 多万份可完全授权的新闻内容，其中包含复杂的元数据。无论您在进行什么项目，路透社的资料都是不可或缺的训练数据来源。

5. 路透连接

路透社多媒体平台路透连接是路透社推出的面向媒体的 B2B 内容平台（见图 4-6），旨在为广播电视公司、数字出版商等内容买家提供一站式综合服务，使客户可以在平台上浏览多家供应商提供的内容，并根据具体需求进行自由选择。与此同时，平台大大提升了客户对内容的编辑效率，有助于内容快速、高效地传达到受众端，从而为媒体赋能，使其在数字化媒介环境中拓展目标受众群体，提升品牌影响力。现在，路透连接已经成为路透社构建的数字化新闻生态系统的承载平台。

图 4-6　路透连接平台界面

平台上线之初，内容池的视频资源全部来源于路透社。随后，路透连接逐步增加了其他媒体和机构的内容，以提高平台的兼容性和内容的丰富程度。目前，内容池中大约四分之一的内容由合作机构提供。这些机构既有美联社、BBC、CCTV 等大型专业新闻机构，也有来自垂直品类、不同行业的专业媒体，如职业网球联合会（ATP）、今日美国体育、世界娱乐新闻网络（WENN）、《综艺》（*Variety*）杂志等，以及 SWNS 和 ViralHog 等用户自制内容平台。路透连接仍在寻求更多的内容提供商，以进一步扩大内容覆盖范围，拓展到传统的新闻内容市场之外更加丰富的领域。同时，为适应全球新闻业音视频转向和现场视频流行的发展趋势，路透连接也开始提供多源视频服务，使其能够实时报道更多并发的新闻事件，提供同步的多条直播流，提升视频直播水平。

　　与新闻数据库或新闻编辑平台不同的是，路透连接是一个兼具内容服务和商业化变现功能的平台，更类似于内容资源的电商平台，建立了从内容检索、分发、入库到购买、支付的闭环逻辑。路透社为这个平台配备了名为"路透积点"（Reuters Points）的支付结算方式。用户用现金支付订阅路透服务套餐（类似通讯套餐），不同的服务套餐对应每个月的可使用的路透积点数量，用户在平台上通过支付路透积点以获得所需内容的下载和使用权限（见图 4-7）。这一方式改变了通讯社传统的资讯批发模式，形成了新的、面向机构的零散采购模式，使得用户能够根据自己的需求选择内容，按条结算。系统同时设置有即时交易提醒、购买记录查询、系统推荐等功能，方便用户对自己的"点数"进行精细化的规划（见图 4-8）。

图 4-7　用户点数系统

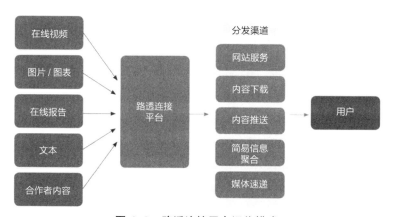

图 4-8　路透连接平台运作模式

6. 路透社区

路透社区是一个通过利用路透社的全球影响力建立起来的线上社区（见图4-9），该社区致力于减轻出版和广播电视从业者的工作压力，鼓励社区成员交流各自的理念、实践和建议，以促进新闻从业者和新闻业的转型，面向相关行业人员及学生免费开放注册。在该平台上，用户可以与具有共同目标的同行进行讨论、激发灵感。

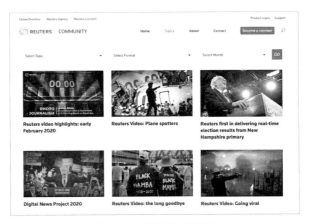

图 4-9　路透社区界面

路透社区的主要呈现形式是分享新闻行业的研究报告、精华视频等内容，其中既包括路透社及其下属机构生产的内容，也包括路透社选取的来自其他媒体机构或研究者、记者撰写的报告。路透社区的内容主要涉及 5 个类别的话题，分别是受众发展、内容发掘、身份建构、商业化、编辑室的未来。注册后，用户可以通过邮件收到相关内容的更新，每两周发送一次。其中，知名度较高的固定内容包括牛津大学路透社新闻研究所发布的一系列定期和不定期全球新闻业发展趋势研究报告、路透社视频摘要（每月 3 期，分别发表于上、中、下旬）。同时，路透社区强调，该平台是一个商业博客，文章观点不代表路透社的观点。

7. 路透品牌服务

路透品牌服务是路透社的品牌内容工作室（见图 4-10），该工作室可以为用户提供包括数据、视频、社论、图片、直播内容和社交媒体渠道的全方位服务，使用户在数字平台和现实平台上都能够进行编辑和多媒体制作。用户可以通过与该工作室合作制作内容来增强用户品牌的地位和重要性，以此帮助用户更好地向起决定作用的决策者讲述自己的品牌故事。

图 4-10　路透品牌服务界面

路透品牌服务还会定期对自己的用户和消费者进行调研，以便更好地了解用户需求和品牌发展趋势，也用作产品和服务的改进依据。《内容连接》（Content Connect）系列报告是路透品牌服务品牌研究的专题报告。例如，2018 年度该报告指出全球品牌内容的需求呈增长态势，金融、文化、政治等不同行业消费者对品牌内容的偏好存在明显差异，由此提出了包括了解受众、选择正确的内容、关注内容与用户的相关性等 7 个品牌营销的建议。

第三节　路透社数字化发展模式与未来规划

一、路透社数字化发展模式与创新探索

（一）聚合新闻生产力，重构新闻生态系统

在从通讯社向信息提供商的转型中，路透社较早就意识到 UGC 内容对于媒介市场的重要意义。2006 年就曾在采集环节将公众纳入内容生态系统，与雅虎共同推出公众投稿系统，接受用户自制内容，为拓展信息来源做出了有益的尝试。

随后，在路透社上线的多媒体内容服务平台路透连接中，将美国视频聚合平台 Jukin Media、日本数字媒体聚合公司 Aflo、韩国娱乐主流媒体 Star News 等多家 UGC 内容平台作为合作伙伴，引入优质的 UGC 内容，平台的扩充内容池资源。两年内，路透社的资源呈指数级增长，UGC 内容池容量猛增 240%，从原来的 500 万条扩张到了 1700 万条。

在 UGC 内容中，路透社尤其注重两个类型的内容：一类是能够为重大新闻、突然新闻提供事件现场细节的照片、视频等。这些内容有的来自于现场目击者，有的来自于现场的车载记录仪、监控摄像头等，有助于还原事件发生第一时间的情况。另一类是社交媒体流行的、有趣的轻量化内容，来自世界各地的新奇有趣或在社交平台上被人们广泛谈论、关注的人或事。路透社内容合作产品经理贾斯汀·弗拉特雷（Justine Flatley）表示，这些 UGC 视频在社交平台上形成了病毒式的传播，说明受众对它们很感兴趣，那么媒体当然也会注意

到这种趋势，继而想从路透社的内容库里获取相应内容，因为这里的内容比社交平台的可信度更高。❶

对专业媒体而言，相比社交媒体平台，通过路透连接平台获取的素材在品质、真实性方面更有保障。因此，路透连接在获得越来越多用户信任的同时，也为内容供应合作带来了更多收益，成为他们新的内容分发平台。这是一种双赢的合作模式，借助路透社良好的声誉背书，合作方的内容得以被更多国家和地区的机构所接纳，路透社也借此聚合了更多的内容生产力量，提升了平台的内容储备和价值，构建了良好的内容生态系统，为实现新媒体领域的业务拓展打开了空间。路透社产品和代理机构董事苏·布鲁克斯（Sue Brooks）表示，路透连接的合作伙伴收入同比增长超过 360%，而路透社从该平台获得的整体收入增长了 50%。❷

（二）构建自动化新闻编辑室，实现技术与记者的联合

路透社是全球率先在新闻生产中引入人工智能技术的传统专业新闻机构。它创建了新闻追踪工具 Reuters News Tracer（见图 4-11）、自动化报道工具 Lynx Insights 等项目，率先步入平台化、智能化新闻生产新阶段。

"新闻追踪"项目是路透社自动化新闻编辑室的核心，该项目旨在筛选社交媒体上的突发新闻。其技术的核心在于通过机器学习为推特等社交平台上的信息流进行赋值，一旦有超过常规值的消息出现，机器将会在第一时间提醒记者进行追踪，从而强化路透社在突发新闻报道中的领先优势。News Tracer 的

---

❶ IanBurrell. 全新影音多媒体平台崛起，老牌路透社如何玩转 UGC [EB/OL].（2019-07-25）[2019-12-17]. https：//mp.weixin.qq.com/s/6G_JCiu7hb0aubKlSTEJAw.

❷ Reuters. How Reuters is building a marketplace for video-hungry publishers [EB/OL].（2019-11-19）[2019-12-17]. https：//digiday.com/media/reuters-building-marketplace-video-hungry-publishers/.

图 4-11　Reuters News Tracer 工作界面

算法除了收集线索集合外，还可以通过将被集群引用转发的事件与经核实的账户提到的事件相匹配，分析可信度，确保这些线索准确、真实。

　　Lynx Insights 项目则蕴含着从深层次改变新闻编辑室运行规则的潜力。它的职能包括但不限于收集和分析数据、构思报道和撰写常规句子等，记者可以在其协助下挖掘新鲜选题，提高效率。Lynx Insights 目前主要通过接入路透社自有的金融资讯数据库，辅助记者报道财经新闻。在新闻选题上，Lynx Insights 可以识别异常的数据波动，并通过电子邮件等方式向记者发出提醒，此外，记者还可以在 Lynx Insights 上进行关键词设定，进行定向筛选和监测。在新闻报道上，Lynx Insights 已经可以基于公开性信息完成三分之二的内容。更具创新性的是，Lynx Insights 还会自动链接事件的相关数据和背景信息，如针对某企业股价的突发性变化，系统会提供企业历史、经营状况、财务报告、新闻等相关信息，帮助记者迅速进行分析和判断。未来，该系统还将接入体育资讯数据库、公司法律数据库、政府数据和民意调查数据等，从而应用于更广泛的细分新闻领域。

　　人工智能和自动化技术的应用，通过对海量素材的模式化处理，提高了报道速度和准确性，并降低了编辑部的新闻生产成本。人工智能和大数据的结合，使数据分析和新闻报道建立在基于系统化处理的大样本研究基础上，提供了单个记者难以企及的宏观综合的视角。由于算法具有通过不断拓展数据自我进化的特征，随着接入数据库的增多，数据分析与洞察、语言生成也将不断得到改进，而新闻作为数据积累的表现形式，也将会源源不断地从此受益。

但自动化新闻编辑室的构建并非要通过算法取代所有记者的编辑，路透社仍坚持认为新闻报道的核心价值仍需要由记者把握和创造。如路透社执行编辑雷金纳德·蔡所说，新闻编辑室自动化的未来与其说是用机器写新闻，不如说是用机器挖掘数据、发现见解并向记者进行展示。因此，路透社在借助智能化技术实现编辑室自动化的过程中，其核心逻辑是将智能化新闻编辑室和技术开发人员的优势结合起来，创造一个能够帮助我们的记者变得更好的系统。❶

（三）成立路透研究院，开展前沿研究

路透社通过路透基金资助牛津大学成立路透新闻研究院，致力于通过参与、辩论、调研，探索新闻业的未来。研究院设有面向全球新闻工作一线记者、编辑的奖学金计划、暑期班计划及专项培训计划，尝试通过将实践与研究联系起来，促进全球交流，围绕新闻的未来进行对话，帮助记者、编辑和媒体主管适应不断变化的媒体环境。

路透新闻研究院的研究项目聚焦新闻行业的最新动态，为新闻媒体面对的挑战和问题提供即时的独立分析，并发布公开可访问的调查报告，这些研究报告也为路透社新业务开发、技术应用提供了重要参考。其中，最为著名的系列研究报告是年度媒体预测报告和数字新闻调查报告。

年度媒体预测报告通过对不同国家的新闻行业领导者的调查，对新闻行业年度事件进行复盘，并对新一年度的新闻业发展给出预测。在 2020 年度的

---

❶　IanBurrell. 机器擅长挖掘数据，但不擅长写文章 [EB/OL].（2018-05-16）[2019-12-20]. https：//mp.weixin.qq.com/s/iLEuJgOW0keVbvCWhNn6fA.

媒体预测报告中，突出了基于视觉和语音的新界面带来的技术颠覆，预测在更庞大的受众群体、优化的衡量标准、更轻松的访问方式的推动下，新闻博客收入将持续增长。在调查中，超过半数的发布商受访者（53%）表示今年将推动播客计划，另有部分媒体在研究文本格式向音频格式的过渡与普及。❶基于这一结论，路透社制订在路透连接中推出包括 Stringr 在内的音视频工具的计划，以为入驻新闻机构的音视频制作提供更加便捷的协助。

数字新闻调查报告则是一项有关数字新闻消费主要趋势的国际性比较调查。此前，路透社正是通过这一调查发现，传统的点击量、曝光度等指标并不足以反映新闻内容的传播效果，继而加入了阅读时长等新的衡量指标，优化在线新闻的评价体系。2020 年度最新一次调查着重考察了新冠病毒流行对数字新闻消费市场、付费新闻模式、数字新闻信任度、数字新闻政策的影响。研究表明，新冠病毒疫情增加了人们对主流媒体和传统媒体终端的使用和信任，从而使传统新闻业得到了短暂的喘息。但疫情封锁也推动了新的数字工具的应用，如在线互动、视频会议等，社交媒体的使用率仍然呈上升趋势，因此从长期来看，媒体机构仍然需要对新闻消费的平台转移给予充分重视。❷

通过路透新闻研究院对媒体及用户的跟踪研究，路透社保持了对市场发展方向的敏锐洞察能力，能够即时调整路透社的运营方向与策略，从而实现了学术研究对路透社数字化变革实践的反哺。

❶ Reuters . Journalism, Media, and Technology Trends and Predictions 2020[EB/OL]. （2020-01-09）[2020-02-01].http：//www.digitalnewsreport.org/publications/2020/journalism-media-and-technology-trends-and-predictions-2020#1-5-new-golden-age-of-audio-but-wheres-the-cash.

❷ Reuters . Digital News Report 2020[EB/OL]. （2020-06-18）[2020-10-01].https：//www.digitalnewsreport.org/.

二、路透社发展战略与未来规划

（一）音视频内容生态布局

随着全球在线新闻消费的音视频转向，路透社正在音视频内容生态布局进行规划，并将据此开展路透连接平台的革新以及对 VR 等智能音频技术的试验。

路透社一方面在尝试寻求与音视频媒体的合作，拓展路透连接平台的音视频内容池，从而为路透社面向的数字媒体提供适合社交媒体平台传播的内容。另一方面也通过研发多源服务，使其能够实时报道更多并发的新闻事件，提供同步的多条直播流，并通过附着于路透连接平台，供电视广播公司和专业视频出版商使用，从而提升视频直播水平。

2020 年，路透社通过对新闻生产机构、媒体、客户的调研发现，近年来全球经济的持续低迷使媒体机构都面临着越来越严格的预算限制，新冠疫情的发生使这一情况更加雪上加霜。几乎所有的媒体都面临着如何在经费缩减的情况下维持新闻 24 小时持续更新的现实挑战。针对这一现状，路透社通过开发"路透生产力工具包"（Reuters Productivity Toolkit）帮助媒体缩减编辑工作量、简化内容输出流程，从而缩减经费支出。目前的工具包里包含 3 种工具：一是连接独立摄影师的数字平台 Stringr。该平台可将用户的视频需求实时发送给事件发生地周围的摄像师，摄像师拍摄后再将内容回传到平台。二是基于人工智能技术的音乐配乐创作平台 Amper。该平台可基于视频或音频的时长、内容，自定义的风格、乐器音效等进行配乐创作。三是视频创作平台 InVideo。该平台提供支持 75 种语言的各类视频模板，还具有直观、简便的剪辑操作功能。以上 3 款工具都集成在路透连接平台之中，用户通过一个主账号便可使用不同的工具，而无须在平台之间切换。随着路透连接工具功能的增加，该平台也在原来的内容资源库的基础上，向着数字新闻生态系统的方向前进了一大步。

VR 技术应用是路透社未来布局的另一个重点。通过与具有 VR 技术设备优势的三星公司合作，路透社尝试将目前广泛应用于娱乐性媒体的 VR 技术向内容领域拓展，以便在主流用户到来之前提前树立好发展根基。

目前，路透社计划从两方面着手开展试验与研究。一是 VR 内容的生产逻辑的开发。由于 VR 应用有其特定的表现形式与媒介语法，在何种内容适合用 VR 展现以及如何在技术限制下进行内容生产与分发，成为路透社需要不断试验与思考的问题。二是适合于 VR 的广告模式的探索。VR 在内容领域仍处于初步发展阶段，原生 VR 广告模式尚未出现。能否找到基于 VR 技术和 VR 内容的盈利模式，关系到此项业务发展的可持续性。

（二）人工智能的深层次开发利用

人工智能和机器学习的发展在不断推动整个信息行业以及路透社内部的创新和转型。它们嵌入路透社如何筛选大量数据和内容以及如何增强、组织、连接和传递内容和信息的运行流程之中，是许多产品和服务的基础引擎。路透社已经在建设自动化新闻编辑室的尝试中，发展出成熟的结合人与机器各自优势的运作模式，利用 AI 助手 News Tracer 和 Lynx Insight，以人类的判断力和机器功能共同推动其新闻事业的发展。路透社的长远计划是为信息工作者建立个人数字助理，不仅可以运用在路透社内部，而且能帮助客户适应人工智能与机器学习带来的信息工作运作逻辑和规则的转变。

路透社尝试研发的数字助手能了解使用者所熟悉的内容和工作方式，能够与使用者进行自然的交互并对任务做出反应，更重要的是能够在与使用者的合作过程中不断实现自我学习。路透社也一再强调，研发新一代数字助手的目的不是替代人类，而是承担烦琐、程式化的工作，从而使人专注于更具挑战性的工作。根据规划，数字助手将首批服务对象定位为深受信息过载问题困扰的信息工作者。由数字助手帮他们承担起搜集整理相关信息的任务，提供按需编写的个性化新闻、自定义报告，帮助理解复杂数据，发现规律或异常，以为日常决策提供依据。此外，路透社还计划使数字助手具备开展调查工作和监测法律风险的能力。

（三）个人忠诚用户的培育

路透社已经意识到，随着数字化社会的来临，新闻业已经走到了必须做出选择和改变的时刻。一方面，传统资讯批发业务的主要客户群体自身面临着发展和转型的诸多困境，用户市场开发陷入瓶颈。这意味着如果找不到更好的产品模式和商业模式，核心业务能力的提高并不一定能带来通讯社收益的增加。另一方面，数字新闻消费呈现爆发式增长。特别是在新型冠状肺炎疫情的影响下，世界政治、经济不稳定因素空前增加，个人用户对基于数字平台的专业媒体信息服务的依赖空前增加。因此路透社认为，通讯社有必要更加主动地、从更广阔的平台上寻找用户，通过深度定制满足包括媒体、机构、个人在内不同用户的信息需求，培育忠诚用户。

为此，路透社将"谷歌一代"作为拓展个人用户的主要目标客户群，通过调查和跟踪、研究、探索他们的信息消费习惯和使用方式，通过他们习惯使用的脸书、推特与他们形成直接关联，通过用户画像等数据挖掘技术深度发掘他们的个性化、深度信息需求，逐步使他们由匿名用户向实名用户转变，从而在工作、未来规划等方面与他们形成更加深层的关系，从而夯实用户忠诚度。这也是未来一个时期路透社移动业务开发的核心目标。

路透社数字化发展大事记

1990 年海湾战争期间，路透社推出"路透新闻图表"，以图表形式介绍冲突各方军事实力及地理位置情况；

1992 年，路透社收购了维斯纽斯电视新闻社的全部股份，并将其改组为路透电视公司，每天向世界上 900 多家广播电视机构提供电视新闻；

1993 年，路透社开始向互联网网站提供新闻批发业务；

1994 年，路透推出"路透财经电视"，使交易商能在他们的交易屏幕上看到市场动态的实况报道；

1995 年，路透社成立温室基金，对美国境内甫成立的科技公司进行小额投资；

1996 年，路透集团建立了自己的网站，主推路透社自行采集的综合新闻和视频新闻；

1996 年，路透社推出系列 3000，一个集股票、储备与货币产品为一体、给客户提供历史信息和实时新闻、资料的计划；

1998 年 6 月，路透社决定向美国奈特—里德报业集团开设的 40 个因特网网站提供新闻；

1998 年，路透社启动移动网络业务计划，通过网络或其他无线设备为用户提供 24 小时更新的新闻信息和金融数据；

1999 年 5 月 17 日，路透社与美国道琼斯公司决定组建道琼斯·路透交互式商业公司；

1999 年 7 月，路透社成立"路透新媒体国际公司"；

2001 年 10 月，路透社完成其历史上最大的并购案，买下 Bridge 资讯系统的多数资产；

2002 年 10 月，路透社推出专为全球金融服务业开发的实时传讯服务 Reuters Messaging；

2003 年，路透社与美国微软达成协议，将路透社的资讯服务与微软的 MSN 系统相连接，联合开发即时信息服务的项目"路透社信息"；

2004 年 10 月 12 日，路透社在美国开通网络电视新闻频道；

2005 年年初，路透社开通面向英国和美国的手机用户提供免费新闻的服务；

2005 年 2 月，路透集团与微软合作，在英国开播路透网络电视新闻频道；

2005 年 12 月 20 日，路透社试运行"网络视频联盟"项目，允许加盟的报纸、杂志、金融网站、博客及其他新闻网站在自己的主页上播放路透新闻视频；

2006 年 10 月，路透社在网络模拟游戏"第二人生"中设立记者站，由资深记者亚当·帕斯克负责在虚拟世界中报道新闻；

2006 年 11 月，路透社投资专门从事博客经营业务的美国布拉克公司；

2006 年 12 月 5 日，与雅虎合作建立的公众投稿系统"you witness news"正式在路透社网站开通，用以接收用户的自制新闻信息；

2007 年 2 月，路透社上线专门报道非洲新闻的网站，网站页面上除了路透社自采的新闻之外，还有关于该非洲国家的新闻博客链接；

2007 年，路透社在印度开通一个新闻网站 reuters.co.in，这是一个可为手机提供信息的移动信息发布平台；

2007 年 3 月 26 日，路透社宣布与芝加哥商业期货交易所（CME）联合推出新的外汇交易平台 FXMarketSpace；

2007 年 5 月 15 日，加拿大汤姆森集团和路透集团就合并事宜达成一致；

2007 年 12 月，路透社宣布将为《金融时报》网站提供视频新闻；

2007 年年底，路透社与诺基亚合作开发专供记者使用的新型移动发稿设备；

2008 年 1 月 7 日，路透社在与《国际先驱论坛报》的合作中开创"免费供稿，分享广告收入"的新模式；

2008 年 1 月 22 日，路透社与 Adify 公司建立网络广告合作关系；

2008 年 4 月，汤姆森集团完成对路透集团的收购；

2009 年 3 月，汤森路透推出名为 Reuters Insider 的面向其金融信息用户的互动式在线视频平台，为专业财经人士提供路透电视新闻和第三方提供的视频节目；

2009 年 9 月，汤森路透以约 1600 万美元的价格收购了金融信息评论与分析网站 Breakingviews.com，增强在订阅数据服务领域的竞争力；

2012 年 7 月，路透社收购互联网品牌保护公司 Markmonitor，丰富其在知识产权领域的产品组合解决方案。

第五章 德新社数字化转型发展研究

第一节 德新社概况与数字化发展历程

一、德新社简介与现状

德意志新闻社（Deutsche Presse-Agentur, dpa）简称德新社，是德国第一大通讯社。德新社建于 1949 年的西德，由德国新闻社 DENA（Deutsche Nachrichtenagentur）、德国新闻服务 DPD（Deutscher Pressedienst）以及西南德国通讯社 SÜDENA(S ü ddeutsche Nachrichtenagentur）合并而成。❶两德统一后，德新社成为德国全境的官方通讯社（见图 5-1）。

现在的德新社总部位于汉堡，在德国国内其他 54 个城市设有分社或编辑

---

❶ dpa. Geschäftsbericht [Annual report] 2018[R/OL].（2019−08−18）[2019−12−13] .https：// api.novamag.de/gridfs/Medias/384c1d938e4f0de420333a28/dpa_Geschaeftsbericht_2018.pdf.

部，在 94 个国家派驻记者或聘用撰稿人，全球雇员达 1191 人。使用德语、英语、西班牙语和阿拉伯语 4 种语言对外发布新闻，每天播发 22 万字的基础服务，内容涉及国内外政治、经济、文化等各方面新闻，可以覆盖约 200 个国家。几乎所有德国报纸都接受其提供的基础服务，在日报中的采用率为 100%。除报纸外，德国多数杂志、电视台以及政府部门、企业、基金会等也接受德新社的信息基础服务。

图 5-1　德新社标识

在所有权结构上，德新社是一家私人的股份有限公司（媒体所有），由 179 名股东组成，这些股东主要是德国各大报纸杂志、出版商、公法和私营广播电视台及媒体集团。为了避免出现单一的倾向性，各股东最多只能持有 1.5% 的股份，其中广播公司合计最多持有 25% 的股份。德新社设有监督委员会、执行董事会和编辑管理团队，监事会成员由地区报纸及广播公司等媒体集团的代表组成，监督新闻质量，维护德新社新闻独立性，现有 16 名委员和 1 名荣誉主席。执行董事会至少由两名成员组成。编辑管理方面，德新社设有 1 名总编辑和 3 名副总编辑。执行委员会和总编辑都直接向监事会负责。

营收方面，2018 年德新社年营业额达到 9300 万欧元，税后净利润 150 万欧元。❶ 其收入主要来自国内市场，海外营收占比不足 10%。❷ 这也与全球范

---

❶　dpa. Geschäftsbericht [Annual report] 2018[EB/OL].（2019-08-18）[2019-12-13] .https：//api.novamag.de/gridfs/Medias/384c1d938e4f0de420333a28/dpa_Geschaeftsbericht_2018.pdf.

❷　Surm J. AFP, EFE and dpa as international news agencies[J]. Journalism，2019（11）.

围内德语使用人群的分布相关联，全球范围内德语使用人数约为 9500 万人，其中 8200 万人居住在德国本土，这意味着德国国内便是最大的德语新闻市场。目前，德新社共有 1870 家客户，国内客户 1500 家，约占 80%，国际客户 370 家，约占 20%。❶ 德新社在全球新闻市场上积极传递德国视角，并为全球的德语受众提供了丰富的咨询服务。但国际化竞争和新技术冲击对德新社经营的影响也十分明显，面向国际市场的数字化转型也就成为德新社的必然选择。

二、德新社融合发展进程

总体来看，德新社的数字化发展历程与德国互联网行业的发展进程基本一致。伴随着国家统一的进程以及传播技术的变革，德新社在市场、技术、人员配置等多方面进行了革新，推动了媒介融合发展。

（一）第一阶段：恢复发展，进军东德和国际市场（1990—1999 年）

1990 年夏天，两德实现统一。两德统一前，联邦德国被称为"西欧经济发展的火车头"，但民主德国的经济较联邦德国相对落后，统一后对于东部地区的经济改造与消化使得德国的经济持续放缓。因而，在统一后的前 10 年内，整个德国的经济氛围都还在恢复和振兴阶段，对于信息与通信市场而言亦是如此。

在此背景下，抓住发展机会，抢占东德与东欧市场，成为原西德地区多数媒体的共同选择。德国是报业大国，据 1995 年出版的《德国概况》介绍，新老联邦各州出版的报纸总共约 410 种，140 个编辑部，1650 个地方版和地区版，

---

❶ Surm J. AFP，EFE and dpa as international news agencies[J]. Journalism，2019（11）.

总销售量达到 3200 万份。● 德通社原本是东德最大的通讯社，也是唯一有新闻播发权的通讯。但在两德统一后，德通社从股份有限公司改为自筹资金的独立股份公司。由于资金有限，不得不进行裁员并且取消了俄、英、法、西班牙和阿文专线，只保留德文专线，影响力急剧减弱。德新社抓住国家统一的历史机遇，将新闻业务向东部德国推进。到 1990 年年底，德新社已在德国东部新设 5 个服务机构，在新联邦州拥有了 41 家报纸、广播以及电视媒体客户。●加之统一之前在联邦德国的客户积累，德新社很快成为德国境内最大的新闻通讯社（图 5-2）。

图 5-2 自成立之初到 2010 年德新社的所在地（汉堡米特尔维格）

同时，德新社对全球范围内的子公司和编辑部、办事处进行了重组。1994年，德新社子公司全球媒体服务有限公司（Global Media Services GmbH，GMS）收购了位于汉堡的当代新闻公司（na news aktuell GmbH）；1997 年，又收购了 RUFA 广播新闻代理服务公司（RUFA Rundfunk-Nachrichtenagentur GmbH），

● 丁伟祥. 德国报业发展历史简介和现状 [J]. 德国研究，1980（10）：52-55.

● dpa. Geschäftsbericht [Annual report] 2018[R/OL].（2019-08-18）[2019-12-13] https://api.novamag.de/gridfs/Medias/384c1d938e4f0de420333a28/dpa_Geschaeftsbericht_2018.pdf .

并将德意志新闻公司（dpa-Agenturdienste GmbH）与母公司合并；1999 年，德新社重组基本服务（dpa-Basisdienstes）和欧洲服务（dpa-Europadienstes）在汉堡的编辑部，并创立名为"杂项 / 现代生活"（Vermischtes/Modernes Leben）的新部门，成立德新社经济新闻公司（dpa-AFX Wirtschaftsnachrichten GmbH）（dpa 持股 50%）。通过对德国境内各子公司的改组，德新社重新明确了各地区子公司的工作重心。

德新社也同步对外语服务做出了调整。西班牙语方面，1996 年，德新社将西语编辑部从汉堡移至马德里，与布宜诺斯艾利斯的编辑团队共同提供西班牙语服务；阿拉伯语方面，从 1997 年 1 月起，德新社在塞浦路斯设立了专门的阿拉伯语编辑部；英语方面，1994 年，德新社在华盛顿增设了一个编辑部，1997 年，在曼谷又设置了亚洲英语编辑部。由此，德新社开始调整语言服务体系，从以德国为主的德语市场逐渐转向更广阔的非德语体系的全球信息服务市场。

技术上，德新社从图文编辑工作入手，正式开始数字化进程。1995 年，德新社图片服务完全转为数字化制作，建立起图片数据库。子公司全球媒体服务有限公司也设置了专题服务（gms-Themendienst）。1997 年，德新社推出德新社媒体服务系统（dpa-MedienServer，MES），可用于接收视频（dpa-Bildfunks）、在线内容（dpa-Online）、图形（dpa-Grafik）以及音频（dpa/RUFA-Audiodienstes）等多种形式的信息内容。同年，德新社又推出针对图片传播的 Schnellen Bildfunks，能够将图像以彩色形式传输。❶

---

❶　dpa. Histories-Die Geschichte der dpa[EB/OL].（2019-11-13）[2019-11-13]. https：//www.dpa.com/de/unternehmen/historie/#historie.

（二）第二阶段：细分市场，多媒体探索合作（2000—2009 年）

21 世纪的第一个 10 年是互联网飞速发展的 10 年，同时也是德国经济复苏发展的 10 年，也是全球范围内报业市场由盛转衰的 10 年。以报业为主要客户的德新社在报业寒冬渐近的背景下开始了新一轮改革和创新探索。这些探索有些以失败告终，有些则一直延续至今，主要体现在以下几方面。

第一，细分地区及受众市场，提供针对性服务。对地区的细分体现在对外语服务方面的调整。2002 年，德新社重组英语国际服务，正式启动爱尔兰的科特信息编辑部；2009 年，德新社考虑到在土耳其生活的德国移民数量的增长，在土耳其推出土耳其语和德语的双语新闻服务；2007 年，德新社推出针对儿童群体的特殊信息服务"面向儿童的信息"（dpa-Nachrichten für Kinder）。这是德新社首个跨媒体、针对特定目标群体的服务，内容包括文本、图片、播客、动画及图像等多媒体内容。在教育方面，德新社还同下萨克森州倡导了 N–21 合作，提高学生的新媒体使用技能，为校园报纸免费提供新闻内容支持。

第二，成立数据库和子公司，理顺关系，整合资源。对资源的整合体现在对图文数据库以及公司内部潜在资源的挖掘。2000 年，德新社在柏林设首都办事处，并在同年成立子公司 dpa-infocom，推出可通过网络访问和使用的德新社数据库 dpa-Bilddatenbank。图片资源方面，2002 年，德新社成立了整合全社所有图片资源的全资子公司德新社图片联盟。公司将德新社旗下的 6 个大型图片社（akg-images、Bildagentur Huber、dpa-Bilderdienste、kpa photo archive、Okapia、Picture Press）组成了在线图片服务平台（www.picture-alliance.com），由图片总监全面负责。现在，大约有 200 个合作伙伴代理商通过德新社图片联盟（dpaPicture-Alliance GmbH）营销其图像、视频和插图资料。

第三，调整售卖方式，提供读者反馈数据。营销方面，自 2000 年以来，德国部分报纸先后因经济困难退订德新社的服务。针对退订危机，2004 年，德新社推出了包括流通折扣在内的新的定价模式，以尽力留住原来的用户。但是，德新社的"退订危机"并没有因此得到真正解决。2008 年年底，德国最大的区域性报纸之一《西德意志报》（*WAZ*）取消了与德新社的合同，却续订了同法新社的服务。伊本集团的第二大报纸《下萨克森州黑森汇报》（*Hessische Niedersächsische Allgemeine*）为节约成本也进行了为期六周的不使用德新社服务的实验，发现并未带来"灾难性后果"。❶《西德意志报》的退订以及 HNA 的实验使德新社意识到，仅通过价格调整是无法适应市场的变化的，必须从内容和服务等方面着手提升核心竞争力，同时必须降低机构对德国市场的依赖。因此，德新社再次在市场和服务的整体布局上做出调整。在技术上，针对客户需求，德新社在 2004 年推出了名为 dpa-MINDS 的技术平台，本地和区域的日报及移动广播等媒体客户可以借此进行读者调查或投票，可对搜集的数据进行监测并测算收益。

（三）第三阶段：数字创新，整合地理空间及内外资源（2010—2019 年）

2010 年 5 月 19 日，欧盟委员会公布了为期 5 年的"数字化议程"计划，将在欧盟 27 个成员国部署超高速宽带，并将促进电信领域增长定为首要任务。2014 年，德国联邦政府出台《数字议程（2014—2017）》，倡导数字化创新驱动经济社会发展，为德国建设成为未来数字强国部署战略方向。在此背景下，德新社加快了数字化转型的进程，在空间、产品和服务等多方面进行创新和重新布局。

第一，实现办公空间集中化，编辑团队整合。2010 年夏季，德新社将原

---

❶ Annette Milz. 6 Wochen ohne dpa, Mediummagazin.de[EB/OL].（2009-02-06）[2019-12-14]. https://www.mediummagazin.de/archiv/2009-2/06-2/6-wochen-ohne-dpa/.

先分散在汉堡的综合编辑部、美茵河畔法兰克福的图片编辑部和柏林的综合编辑部合并，成立新的中央编辑总部，整体迁入位于柏林马克格拉芬大街的办公区。多部门、多媒体、跨产品的集中化为数字化运作提供了最佳条件。

第二，发挥技术驱动力，加速采、写、分、发效率，提供定制化服务。2013 年，德新社推出了新的议程预约系统——Termindienstes dpa-Agenda，使得安排议程和主题变得更加容易；2015 年，德新社启动了下一代媒体加速器；2016 年，多媒体档案 Multimedia-Dossiers dpa-Story 开始运作；同年，提供定制内容的 dpa-Custom Content 也正式推出；2017 年，新的国际摄影网络开始启动。

第三，加强外部协作，合作采购和新闻分发。德新社长期同奥地利新闻社（APA）以及瑞士新闻社（KEYSTONE-SDA）在金融领域有所合作，共同维护 AFX 商业新闻（dpa-AFX Wirtschaftsnachrichten）的信息内容，为银行和财经媒体提供新闻。2017 年，曾任奥地利新闻社董事总经理的彼得·科罗普（Peter Kropsch）成为德新社管理委员会的新主席，也一定程度上促进了奥新社和德新社的进一步合作。除此之外，德新社也同英文通讯社展开合作，实现优势互补发展。2012 年 11 月，德新社同美联社达成了长期合作协议，德新社为美联社的德语内容及其在德语市场的业务推广提供支持。❶2013 年 2 月，德新社推出"美联社世界新闻"（AP Weltnachrichten）服务，将美联社的新闻内容进行德语编译；2014 年，德新社在澳大利亚悉尼成立了第二个编辑部。

正如德新社在 2018 年年报的管理层报告和财务报表中所言，数字化转型对传统媒体市场带来了显著的挑战，但机遇与挑战并存。德新社在德语市场的

---

❶ dpa. dpa startet Zusammenarbeit mit AP in Text und Bild[EB/OL].（2013-01-08）[2019-12-14]. https：//www.dpa.com/de/unternehmen/pressemitteilungen/.

市场份额一直保持着较高水平，多年来其在产品、服务、技术、布局等多方面的数字化转型为通讯社提供了新的增长驱动业务。❶

第二节　德新社数字化转型路径与代表性产品分析

一、德新社数字化转型路径分析

通讯社的数字化转型是在传统的资源基础上，用数字化技术和手段进行立体化传播的过程，不仅涉及企业经营方式和资源空间的转变，也关乎媒体传播模式、受众细分、技术手段等多方面的变革。德新社在这一过程中取得了一些可资借鉴的经验。

（一）合并重组子公司并加强对外合作

德新社拥有 10 家全资子公司、9 家控股子公司（见图 5-3），因而从组织架构来看，德新社可以被视为一个庞大的媒体集团。

---

❶ dpa. Geschäftsbericht [Annual report] 2018[EB/OL].（2019-08-18 [2019-12-13]. https://api.novamag.de/gridfs/Medias/384c1d938e4f0de420333a28/dpa_Geschaeftsbericht_2018.pdf.

图 5-3　德新社子公司股权结构

德新社的全资子公司各有侧重，例如，德新社信息图表公司（dpa-infografik GmbH）是德语区最大的信息图表机构；德新社图片联盟侧重于图片领域信息供应；德新社英文服务公司（dpa English Service GmbH）则专注于提供英语服务。德新社的全资子公司并不是一开始便形成上述规模，而是在发展中不断探索和变化，根据通讯社发展的需要顺势而为，按需而生，并且各子公司之间也存在持股联系。新兴的全资子公司在一定程度上更加具有创新性和灵活性，推动了母公司在多媒体、多语种、多技术平台的信息发展与传播变革。

子公司和持股公司的股权结构清楚地反映了德新社与其他通讯社的合作关系和外部市场布局。例如，德新社数字服务公司（dpa-digital service GmbH）以及德新社经济新闻公司这两家公司由德新社和奥地利通讯社两家通讯社共同所有，awp 财经新闻公司（awp Finanznachrichten AG）则由瑞士通讯社和德新社各持股 50%。奥地利和瑞士两国的官方用语都为德语，在历史上同德国有重要渊源，既是重要的德语区又是欧洲较为稳定的经济体。通过成立合资公司，德新社与这两家通讯社既避免了在德语市场上的竞争消耗，又能够取长补短，形成相互支撑的利益共同体。此外，在德国本土的新闻市场内，德新社也同其他竞争通讯社开展多样化的合资经营。例如，德新社和基督教通讯社（Evangelischer Pressedienst）、天主教通讯社（Katholische Nachrichtenagentur）以及法新社共同出资成立了媒体传播公司（mecom Medien-Communications-Gesellschaft mbH），为政府及安全部门提供敏感信息的传输服务和应急预案。

德新社作为母公司，同这些子公司的关系也会根据运营情况进行持续调整，以适应市场的变迁和德新社的整体发展需求。如前所述，1994 年，德新社全资子公司全球媒体服务有限公司收购当代新闻公司，1997 年将德意志新闻公司并入母公司。2018 年，德新社购入瑞士通讯社旗下的 Aktuell 新闻（瑞士）公司（News Aktuell. Schweiz），❶ 而这家全资子公司又由 Aktuell 新闻公司（News Aktuell GmbH）持股 80%，由它们把新闻稿销售给媒体。目前，德新社约有 30% 的销售额来自于多元化服务和产品❷，这些相互联系、不断发展的子母公司关系反映了 dpa 对市场需求的准确把握以及敢破敢立的创新精神，而在合作模式下，多元经营的思路也可以降低新业务的市场风险，培育出新的利润增长点。

（二）集中整合编辑部和信息资源

德新社的数字化转型不仅仅体现在内容与技术上，也反映在机构空间的调整上，主要体现在两个维度，一是调整工作场所，实现德新社工作场所地理实体空间上的集中化，二是建立数字化工作平台，实现德新社及子公司虚拟空间

---

❶ Kleinreport. Keystone-SDA hat News Aktuell AG verkauft[N/OL]. （2018-09-19）[2019-12-15].http://www.kleinreport.ch/news/keystone-sda-hat-news-aktuell-ag-verkauft-90667/.

❷ Surm J. AFP, EFE and dpa as international news agencies[J]. Journalism, 2019（11）.

的集中化运作。通过实体和虚拟空间的调整，德新社构建了一个全方位的集成工作体系。

地理集中——编辑部协同办公。在德国国内，1999 年，dpa 重组汉堡编辑部的基本服务（dpa-Basisdienstes）和欧洲服务（dpa-Europadienstes），成立新的部门；2000 年，在德国首都柏林设置办事处；2010 年，整合在德的几家编辑部，将原本负责不同业务的编辑部都搬到位于柏林历史悠久的报纸区——位于马克格拉芬大街（Markgrafenstrasse）的新总部大楼。自此，图片、文字、音视频等多业务和跨媒体部门可以在集中化环境下协同办公，从而为数字化转型提供了有利条件。德新社同时对其他语种和地区的编辑部所在地进行了调整，包括在华盛顿、曼谷增设英文编辑部，将西班牙语编辑部从汉堡移至马德里，在塞浦路斯首都尼科西亚设立阿拉伯语编辑等一系列调整。通过在目标市场国家设置语言服务编辑部，可以更好地与当地的记者进行沟通，也有利于更好地发挥本土员工的语言优势，进行本地化的内容生产和服务。

虚拟集中——网络议程设置和分发平台。德新社通过开发数据库、推出技术平台等手段使得新闻的采购分发得以实现数字化运作。德新社先后建立了图片数据库、dpa-Bilddatenbank 数据库、多媒体档案 Multimedia-Dossiers dpa-Story3 个主要数据库；先后上线了媒体服务系统、技术平台 dpa-MINDS、议程预约平台 Termindienstes dpa-Agenda 等线上工作平台。2018 年，德新社还开发了数字化销售网站 www.dpa-shop.com。这些数据库资源和技术服务平台整合了德新社已有的信息资源，集中化的存储方便子公司及各客户的个性化采集和利用，既可以节省资金，又可以发挥集群效应。

（三）细分受众市场满足多元需求

德新社通过对数字时代用户特征的深度分析，把握不同用户的不同需求，在"多对多"的传播思路下，有针对性地进行产品服务体系的设计。具体体现在以下几方面。

第一，根据不同语种和发布平台特点，在形式和内容上进行创新。如前所述，德新社在不同语种的市场国家设有当地的办事处与编辑部，用于统筹当地新闻的采写分发，因而可以生产出符合当地客户需求的信息产品。在这个过程中，德新社基于各个国家和地区的市场环境、数字化普及情况以及用户偏好的变化，对产品的内容、形式乃至机构运行方式进行调整。例如，2019年，德新社对拉美地区西班牙语市场业务进行调整，精简文字内容，主推图片和视频业务，以适应当地用户新媒体端的传播偏好；而在欧洲地区，德新社则推出专门的财经新闻业务，并成立专门的子公司负责金融业务；英语服务方面，德新社则通过不断调整编辑部规模、成员结构以更好地适应英语内容生产的需求，还成了立英文服务公司，加强与美联社等英语通讯社的合作，降低竞争的强度。

第二，创新客户之间的关系，提供个性化定制服务。数字化时代，德新社将服务的客户类型由媒体扩展至更多领域的政府机构、企业和个人。在德国国内，德新社推出了针对少年儿童群体的专门的新闻服务；针对面临经营困难的报社等老客户设计了折扣定价和新的内容包产品；针对企业用户提供数据监测和效果评估服务。在德国之外，德新社除了提供当地主流语种的内容服务外，还兼顾小语种内容需求，如考虑到土耳其境内德国移民的增加而开设的德语服务；在社交网络上，德新社也注重加强同读者之间的互动与联系，建立了许多多语种的社交媒体官方账号，并鼓励记者、编辑开设个人账号，运用个人影响力提升机构在社交媒体平台的整体传播能力。

第三，为机构用户提供专业化解决方案。德新社并不是简单地根据内容格式、语种或是受众的年龄、所处区域等元素进行内容和用户的匹配，而是将机构自身的发展需求与内容特征、信息用途、最终受众特征等要素相结合，提供更加具体的解决方案。

以德新社为媒体机构设计的一站式解决方案为例，德新社从对媒体用户发展现状和规划的调查入手，注意到他们对德新社服务的需求更多地集中在国际新闻服务、内容管理、现场直播、个性化服务等方面，便在自有资源的归类方式、搜索逻辑、平台操作界面设计等方面进行针对性的调整，使媒体用户能够更加方便地获得所需内容（见图5-4）。

首先，德新社考虑了为各国的媒体提供的多语种国际服务（International Service），包含德新社国际（dpa international）、德新社英语多媒体（dpa Multimedia English）、德新社国际西班牙语（dpa international Spanish）、德新社国际阿拉伯语（dpa international Arabic）、德新社欧洲服务（dpa Europadienst）、德新社专题（dpa feature）、德新社趋势（dpa trends）、德新社国际图片（dpa international photo）、德新社图片联盟共9项产品。德新社国际（dpa international）以及针对英语、西班牙语、阿拉伯语以及欧洲地区的德语服务进行语种划分的是以时事新闻为主、涉及多个领域的常规性新闻内容产品；德新社专题（dpa feature）每周两次发布有关名人、汽车、时尚、旅行等方面的国际动态图片故事；德新社国际图片（dpa international photo）则在德新社全球摄影师基础上通过与世界其他通讯社（如澳大利亚联合新闻社、英国新闻联合社、韩联社、奥地利通讯社、芬兰通讯社、墨西哥通讯社、捷克通讯社和西班牙欧洲通讯社）、图片社及摄影单位合作，可以每天提供400多张照片；德新社图片联盟则是由德新社专门负责图像生产的子公

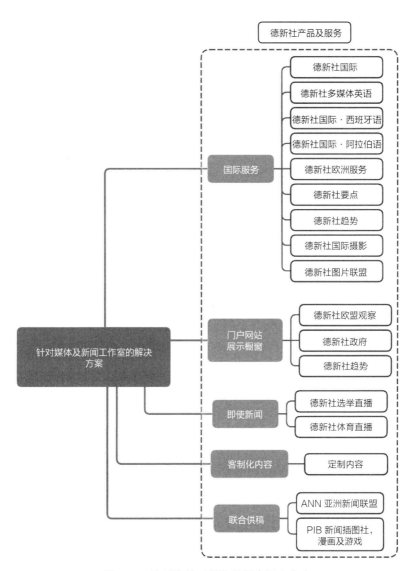

图 5-4　德新社针对媒体的用户解决方案

司提供的图片服务，在网站 www.picture-alliance.com 上同全球 280 多家机构合作，可以提供约 7500 万张高质量图像，包括自然、艺术、创意照片、历史图片等。

其次，针对媒体和某些特定领域客户的需要，德新社设计了3款产品。欧盟观察（dpa Insight-EU）集中关注欧盟最新动态，尤其关注德国及德国代表在欧盟的职能、地位、活动，每个工作日可以收到欧盟主题新闻和分析文章，为政治和金融决策者提供参考。❶德新社政治（dpa Governance）则围绕政治领域相关话题提供内容服务，可以跟踪政治人物动态或机构的推文、民意调查报告等，并且可以在专门的移动客户端上浏览政治新闻。德新社趋势（dpa trend）则是德新社近年来的创新性新闻产品，其内容是通俗有趣的消费者新闻，涵盖技术、旅行、出行及生活方式的测评和推荐。

　　最后，针对媒体机构需求最为突出的政治和体育现场直播服务，德新社为政治选举及体育内容设立了直播专区，通过选举直播（dpa ElectionsLive）和体育直播（dpa SportsLive）提供实时现场直播和资讯播报。更为客户的特殊化信息需求设有定制内容服务 Custom Content）。德新社还拥有同其他新闻媒体合作的资源，如与亚洲新闻网络（ANN）的合作内容可以提供亚洲地区新闻服务，同PIB的合作可以提供数独、拼字游戏、漫画等新形式内容。

　　德新社对于产品和用户需求的把握，使得自身的产品不再局限于为德语区媒体客户供稿，而是向世界全球的读者客户（包括儿童、政府、公关公司等）提供信息服务。不论是针对什么平台或渠道，产品和服务的内容是通讯社生存的根本，只有秉持其优秀内容，同时借助新的技术手段，研究受众心理，创新内容与形式才能生存。

（四）树立独立的世界性通讯社形象

20世纪80年代，在欧美国家去管制化的制度氛围下，传媒产业兴起了跨

---

❶ dpa. dpa-Insight EU[EB/OL].（2012-08-15）[2019-12-20]. https：//www.dpa.com/en/products-services/political-institutions-and-organizations/insight-eu/.

国兼并收购和合作拓展的浪潮，世界性通讯社在国际新闻服务中的重要性随之下降。这一趋势也成为世界性通讯社数字化转型过程中不容忽视的行业背景。因此，德新社也紧跟社会风潮及政策变迁，对自身的功能定位做出调整，表现在以下几个方面。

首先，德新社大力发展互联网服务，突出"电子媒体"商业企业身份。通讯社在诞生之初主要利用电报供稿，在互联网时代则主要通过网络进行信息的传输。德国政府于1997年颁布的《信息与通讯服务法》是世界上第一部对电子网络空间的行为进行法律规范的专门立法。❶但从1997年到2007年，德国的互联网服务被分为电信服务和媒体服务。前者由《电信服务法》规制，联邦拥有其立法权；后者则受《媒体服务州际协议》调整，各州拥有对于新闻法和广播电视法的立法权。随着互联网的发展以及传统媒体与新兴媒体的媒介融合的进程加快，将互联网服务人为分割为电信服务和媒体服务的做法在司法实践中产生了法律适用上的困难。面对这一困境，2007年德国颁布了《电子交易统一法》（亦称《互联网法》），将"电信服务"与"媒体服务"合二为一，统称为"电子媒体"。❷

为适应德国法律体系的上述变化，德新社对自身的定位做出了调整。一方面是对现有产品的直接调整，对于传统信息内容进行多媒体的形式创新，发展电子杂志报纸、提供线上图文数据库、在多个平台推出社交网络账户等系列互联网服务。另一方面是对组织结构的大幅调整。通过成立数十个子公司，德新社形成了集团化运作的新模式，虽然大多数子公司仍然以"信息"为核心产品和服务，但服务对象已经远远超出媒体用户的范畴，而是面向更加广泛市场的

---

❶ 唐绪军.破旧与立新并举 自由与义务并重——德国"多媒体法"评介［J］.新闻与传播研究，1997（3）.

❷ 颜晶晶.传媒法视角下的德国互联网立法［J］.网络法律评论，2012（2）.

多元经营。与此同时，德新社的日常运营和决策中也显现出越来越明显的商业逻辑，如在土耳其推出的双语服务仅数月就因未达到经营预期而叫停，在拉美地区因服务需求转向图片和视频而削减文字记者岗位以节省人力成本等。

其次，德新社在国际市场上着重强调独立性，弱化国家通讯社特征。在联合国教科文组织对通讯社的分类中，德新社属于国家通讯社。但查阅德新社官网、年报以及近年来的相关新闻报道，可以发现德新社十分强调其"独立"身份而较少提及与国家的关系。在机构官网的所有权结构介绍一栏中写道，德新社是德国媒体的新闻社，180 个仅由媒体公司和发行商组成股东证明了公司的独立性。2019 年，德新社在成立 70 周年之际加入西欧非政府通讯社协会 39 组（Gruppe 39）❶。德新社管委会主席彼得·科罗普（Peter Kropsch）在接受采访时表示，德新社成立 70 年来，一直倡导报道不受政治和经济利益集团的影响，独立是德新社的基因。❷

尽管媒体合作的股权结构是否便意味着真的"独立性"尚且存疑，但德新社认为通过强调自身的独立性并加入私人通讯社联盟（如 Gruppe39），凸显自身新闻生产的价值不同于寻常商业或官方通讯社之处，弱化通讯社在国际传播中的国家属性，便于减少其开展国际新闻业务过程受到阻碍，同时增加信息的公信力。从传递德国声音到传递德语视角，德新社的数字转型过程与其从国家通讯社到独立的媒体新闻社转变同步展开。

最后，德新社重视强化数字时代的事实核查，维持新闻信任。1964 年 4

---

❶ Gruppe 39 一个非政府新闻通讯社协会，名称来自于创始年。1939 年挪威、瑞典、芬兰、比利时、荷兰、单买和瑞士通讯社建议建立此协会，该机构以维护新闻自由和独立性为目标，只接收以合作社或类似性质的媒体所有通讯社。1956 年奥地利通讯社（APA）成为第八名成员，2019 年接受德新社（dpa）和英国 PA Media 为新成员．

❷ Pressportal. dpa tritt Vereinigung unabhängiger Nachrichtenagenturen "Gruppe 39" bei [EB/OL].（2019-09-06）[2019-12-15]. https：//embed.presseportal.de/8218/article/4368060.

月 13 日，德新社根据错误消息广播了当时苏联国家元首赫鲁晓夫逝世的消息。尽管几分钟后，新闻得到纠正，但作为一家世界性通讯社，德新社发出的这则假消息永远地成了德新社历史上极不光彩的一幕。此后，德新社对事实核查投入了更多精力，以尽力挽回公信力，杜绝类似事件再度发生。

在数字化时代，谣言、虚假新闻在网络平台不断滋生，随着社交媒体的兴起而愈演愈烈，从而导致公众对媒体信任程度的整体下降。针对这一现象，德新社从 2013 年开始以新闻的形式向其客户提供事实核查服务。2019 年，德新社成为脸书反对虚假新闻的第 43 个合作伙伴，将在社交媒体领域为打击假新闻，并将把事实核查结果作为报纸、广播公司和新闻门户网站的新闻进行分发。❶2019 年 7 月 1 日，在柏林举行了庆祝德新社成立 70 周年的庆典。德国总统弗兰克－瓦尔特·施泰因迈尔（Frank-Walter Steinmeier）出席了庆典并发表演讲。他在演讲中引用了 1949 年 9 月 1 日德新社创社时的第一份新闻稿，重申了 70 年来的德新社最高标准：

> Die Pflege der objektiven Nachricht und die Unabhängigkeit von jeder staatlichen, parteipolitischen und wirtschaftlichen Interessengruppe werden das Merkmal der neuen Agentur sein.

> 保持客观的信息，保持同任何国家、政党以及经济利益集团之间的独立将是通讯社的标志。

（五）协同合作，创意共享

员工是通讯社发展和转型不可或缺的重要参与者。德新社的员工对数字化

---

❶ Daniel Bouhs und Nils Kinkel. Facebook lässt Fakten von dpa checken [EB/OL]. (2019-03-18) [2020-01-20].https://www.ndr.de/fernsehen/sendungen/zapp/Facebook-laesst-Fakten-von-dpa-checken, facebook2800.html.

转型的深度参与和形成的协同配合工作关系是德新社数字化竞争力提升的关键。

第一，从事件到新闻，全球范围的协同生产。德新社整合了在德国以及全球的编辑部，并且在新闻采写分发上都有较为详尽的技术系统支持，这些为全球化的协同办公提供了首要的基础。但整个系统顺畅运行的关键还在于记者、编辑之间的执行、配合。德新社提供了一个了解他们如何办公的案例。

案例：载有德国游客的飞机在大峡谷（Grand Canyon）坠毁

一名在旧金山的记者首先发现有游客在推特上发布推文说，"一架载有德国游客的飞机在科罗拉多大峡谷附近坠落，可能致命"，并附有一张模糊的飞机失事的照片。记者随后致电大峡谷周边弗拉格斯塔夫的警察询问情况。在等待回复的间隙，她查看了旧金山飞往弗拉格斯塔夫的航班。警察回复说没有听说此事。记者再次致电国家公园管理局，从此处证实了事故的发生，但无法提供飞机上的人员伤亡情况及德国游客的信息。记者会向客户发出通知，德新社已经关注到此事，但还未有足够信息形成可靠报告……下一个警察局长的电话证实了飞机坠毁的事实，说明机上一名飞行员和四名德国游客都得以幸存，介绍其受伤情况，并提及他们的护照显示他们来自达姆施塔特。……记者由此写了消息，并发往柏林……在编辑室内，工作人员向dpa-Infographic图形团队的同事询问是否可以准备制作现实大峡谷事故的图形……图形设计师再次确认细节并作图……柏林编辑部的编辑同摄影部沟通，询问警察局或国家公园是否有提供照片，能否从档案数据库中找到德新社拍摄的照片……与此同时，记者撰写的消息也会发送到法兰克福，因为受伤的游客来自达姆施塔特，地区办事处会将"德国游客"修改为"来自黑森州的游客"……旧金山的记者停止检索飞往大峡谷地区的航班，因为这个故事虽然重要，但不够重要到需要亲临现场。她戴上耳机，并在几分钟后将音频片段提供给德新社客户。……同时她的报道已经在数十家德国报纸网站上发布，并附有档案中的照片。

这个案例深描了德新社员工在突发新闻报道过程中的工作方式。旧金山的记者从发现新闻线索到核查新闻事实、寻找新闻配图、发布新闻消息，借助的是社交媒体、电话、数据库、内部系统等多种技术手段，在加快了采写分发进程的同时，也节省了人力成本。最后，注重新闻事实核查及多部门联动。在这个过程中，记者的角色已不仅仅是报道写作，更涉及与多个部门之间的沟通和确认新闻事实。从新闻生产流程来看，报道采写、图片制作和摄影配图甚至是到地方办事处的再加工，都需要跨区域的多部门协作。

第二，设立创新博客，鼓励员工总结创新经验。2018 年，德新社成立了一个创新博客——www.innovation.dpa.com，鼓励不同部门和领域的员工记录德新社的创新活动，总结工作经验并探讨未来应用的发展领域。德新社管委会主席彼得·克罗普（Peter Kropsch）在介绍这一项目时说，技术的进步和用户行为的改变将不断加速，只有创新是唯一的保险。❶ 通过设立本博客网站，德新社邀请各部门工作人员分享创新和研发方向，邀请媒体企业等参与测试和共同开发。既为介绍和研发公司产品提供了一个宣传平台，也激发了员工的创新意识，明确了未来的创新方向。博客刊登的文章主要围绕"我们如何发展新闻业""使用什么技术和概念""我们支持哪些计划和项目？使用哪些工具？关注哪些问题"这几个核心问题展开。在

❶　Peter Kropsch. Innovationen sind unsere Lebensversicherung .Innovation.dpa. [EB/OL].（2018-03-23）[2020-01-28]. https：//innovation.dpa.com/2018/03/23/innovationen-dpa/.

这一平台上，德新社讨论的并非成熟的产品，而是需要测试的创新实验品，目前已经形成了市场和商业模式、数据、媒体情报、内容执行、服务和产品、新闻写作、人工智能等多个主题，德新社从高管到技术人员、编辑记者都参与其中。

二、德新社产品体系及经营状况分析

美国学者德弗勒曾指出，通讯社基本上有两种作用：收集、分发消息和解释性材料。[1] 但在数字时代，包括德新社在内的世界性通讯社在产品和功能方面已经远远突破上述范畴，增加了内容营销、信息监测、活动策划等诸多新的服务内容。

2019 年，德新社基本建成基础服务、视觉、议程管理三重市场。[2] 从当前的产品体系上，德新社已经基本建成上述三重市场的产品体系搭建（见图5-5）。此外，德新社还创新性地尝试了很多新的产品和服务。

---

　❶ 梅尔文·德弗勒，埃弗雷特·E.丹尼斯.大众传播通论［M］.颜建军，等译.北京：华夏出版社，1989：251.

　❷ Peter Kropsch.Innovationen sind unsere. Lebensversicherung.Innovation.dpa[EB/OL]. (2018-03-23) [2020-01-28]. https://innovation.dpa.com/2018/03/23/innovationen-dpa/

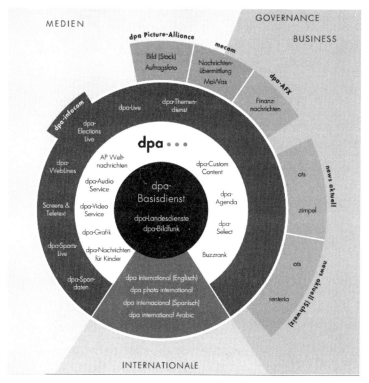

图 5-5　德新社代表产品体系

（一）基础服务市场

德新社的股东是德国的近两百家广播电视、报纸、互联网等多媒体单位，其基础的服务便是为媒体提供多种样式的新闻，如文字、图像、照片、音频、视频等。德新社虽然是世界性通讯社，但主要新闻客户仍然在德语区。因此，扎根本土德语基础服务，充分发挥贴近性优势，做到德语新闻资讯的更好、更快、更精确、更完备是德新社的必然选择。

德新社的基础服务是德新社的基础业务，也是核心业务。每天，德新社能够 24 小时不间断地生产约 650 个国内、国际的报道，并且以文字、照片、图形、音视频等方式制作和呈现。而这也是德新社供应媒体的主要内容。其中，

dpa-Landesbüro 负责提供 12 个州的地方新闻,图片新闻负责提供图片。近年来,德新社也开设了面向英语、西班牙语、阿拉伯语以及图片市场的基础服务。

从 2018 年年报来看,德新社的核心公司 dpa GmbH 在 2018 年的营业额约为 9300 万欧元,相较于 2017 年的 9360 万欧元略有下降;净收入 150 万欧元,较上年增长 30 万欧元。包括子公司和控股公司在内的德新社集团在 2018 年的销售额达到 1.3798 亿欧元,较 2017 年增长了 2.3%。❶ 德新社收益的增长得益于新业务和技术上的投资回报。基础服务则受报业市场萎缩的影响,收入呈现下降趋势;受中东形势影响,阿拉伯语市场的外语服务销售也出现困难。

细分市场用户,针对不同的用户群体提供特色化服务是德新社在产品上应对数字化转型做出的明显调整。其中,面向儿童和公关机构的产品特色较为突出。

1. 面向儿童的新闻

德新社面向儿童设计了两种新闻产品,一是德新社儿童新闻,二是德新社青少年在线(dpa juniorline)。这些针对儿童的信息内容制作符合儿童年龄特点,内容严谨,往往还可以成为课程辅助档案资料。

德新社儿童新闻是德新社首个跨媒体和针对特定目标群体的服务。该服务于 2007 年推出,由德新社新闻(dpa-Nachrichten)的编辑团队专门针对 6 ~ 12 岁的儿童制作,以每周 6 天的频次提供自然灾害、体育赛事、科学发现等新闻信息和动物知识、环境技术、音乐、历史、影视、家庭等娱乐性信息,并为儿童撰写解释性文章用于回答孩子们千奇百怪的奇思妙想。所有的文本都由专门的编辑进行审查,并补充相关领域的说明和背景资料,力求以孩子能够理解的

---

❶ dpa. Geschäftsbericht [Annual report] 2018[EB/OL].(2019-08-18)[2019-12-13]. https://api.novamag.de/gridfs/Medias/384c1d938e4f0de420333a28/dpa_Geschaeftsbericht_2018.pdf.

方式将政治冲突和环境科学等知识呈现给儿童。德新社消息发布的所有图片都会经过挑选，图形设计也符合儿童学习特点，能作为课程辅助材料。德新社还提供可交互的儿童图形，HTML 和 JavaScript 的格式保证了交互图形可以在平板和网页浏览器上运行，让儿童在互动体验中学习知识，如核电站如何运作、德国难民从何处来等严肃的科学或社会问题都可以通过交互图形得到解释。除此之外，德新社还提供儿童娱乐内容，如数独、拼写游戏、看图找茬、瑞典拼图等（见图 5-6）。

图 5-6　德新社儿童新闻的瑞典拼图

德新社青少年在线在提供与德新社儿童新闻类似内容的同时，还面向儿童网站、博客和新闻应用提供优化服务的产品，提供按照儿童的在线需求制作各项内容，包括上述文本、交互图形、娱乐性游戏等。在面向儿童生产信息内容的过程中，德新社的记者编辑们也总结了危机报道与恐怖主题的内容中对于儿童而言需要注意的要点，归纳了在解释性文章中面向儿童讲故事的 7 个提示和技巧，为新闻从业人员和儿童教材编辑提供帮助。

2. 面向公关及营销公司的解决方案（Public Relation & Marketing）

随着传播技术的发展，新闻和公关之间的界限日益模糊，与公关部门的合作成为德新社新的业务领域。公关及市场营销公司需要的是能为客户管理和品牌公关提供支持的新闻和信息。因此，德新社针对这一需求设置了包括信息动态监测、内容定制、资讯分发等一系列解决方案（见图 5–7）。

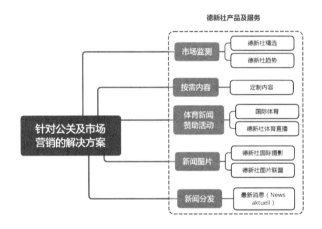

图 5–7　德新社针对公关及营销公司的解决方案

德新社的信息动态监测服务着眼于为公关营销企业提供行业研究和趋势分析的基础信息。德新社选择可以为特定企业提供过滤后的实时定制的高质量新闻，跟踪目标客户发展趋势。德新社趋势可以提供传统新闻之外的流行潮流测评与时尚数码多品类新闻包。根据客户需要，德新社也可以提供定制内容服务，提供用于通讯、杂志、移动客户端内文本、图片、图形、音视频等多种格式文章编辑和写作服务。

大型体育赛事是品牌推广的重要平台。德新社体育直播和国际体育都可以成为公关和营销部门赞助的平台，德新社可以在体育报道中为客户管理布局品牌曝光度，并负责在电视台、广播电台、媒体、网站、社交媒体、互联网等多平台的体育类别中突出展示品牌形象。

　　新闻发布也是公关活动的重要环节。德新社主要通过结合国际照片（dpa international photo）和图片联盟的优势，可以提供较为全面的图片服务。而 news aktuell 则可以提供内容分发支持。

（二）视觉市场

　　在当前的国际资讯市场上，以图片、视频为主体的视觉化传播特征日益明显。因此，视觉内容的服务也是德新社近年来重点打造的数字化服务领域，并建设有专门的数据库、分发平台以及独立的子公司德新社图片联盟进行运营，主要内容形式为照片、信息图表、交互图形等数据可视化。2018 年，该公司对"图片"这一细分市场经营成效初显，收益增加了 50 万欧元。❶

　　1. 图片新闻与图片联盟

　　图片新闻是德新社基础服务中照片的主要来源，展示德国和世界各地的每日图片新闻，但并不是德新社的传统优势项目。2017 年 1 月 1 日，德新社启动了新的国际摄影网络为图片新闻的内容服务。摄影网络包括在全球德新社记者以及澳大利亚联合新闻社、英国新闻联合社、韩联社、奥地利通讯社、芬兰通讯社、波兰、墨西哥通讯社、捷克通讯社和西班牙欧洲通讯社等全球范围内的合作伙伴。

　　图片联盟则是由 6 个大型图片社（akg-images、Bildagentur Huber、dpa-Bilderdienste、kpa photo archive、Okapia、Picture Press）组成的在线平台（www.

---

❶ dpa. Geschäftsbericht [Annual report] 2018[EB/OL].（2019-08-18）[2019-12-13].https：//api.novamag.de/gridfs/Medias/384c1d938e4f0de420333a28/dpa_Geschaeftsbericht_2018.pdf.

picture-alliance.com）。数据库内拥有约 6000 万幅图像、图形和视频，涵盖几乎所有的主题内容。作为数据库的图片联盟，不仅将德新社摄影师和设计师的图像作品联系起来，并且将其他合作机构的图片资源用于整合，通过图片联盟便可以采购平台系统内所有照片、图像、图表、视频产品，用户可通过关键词或便签进行过滤和筛选图片档案照片。德新社主编斯文·格斯曼（Sven Gösmann）表示，没有强大的合作伙伴和优秀的摄影师网络，就没有通讯社。我们需要掌握所在地区的摄影师，为我们在德国和全球的客户提供最好的产品。❶ 图片联盟在德国是德国体育援助基金会的媒体合作伙伴和官方摄影社，以及德国奥林匹克体育联合会（DOSB）和德国残疾人体育协会（DBS）的官方摄影合作伙伴。在世界市场上，图片联盟也是平昌冬奥会及残奥会、欧洲足球锦标赛、东京奥运会等全球重大体育赛事的官方照片合作伙伴。

2. 图形（信息图表、交互图表、动画等）

dpa-infografik GmbH 是德语国家中最大的信息图表企业，也是德新社的全资子公司，负责地图、图形、信息图表的图形处理。公司的前身是成立于 1946 年的图形制作公司 Globus-Kartendienst GmbH，距今已有 70 多年。德新社的图形、图表等视觉化设计与制作便主要由 dpa-infografik 负责。其产品不仅包括有关德国和世界各地当日主题的信息图表，还包括针对学校和教育机构的说明性图形以及体育赛事和政治选举活动所需的信息图片。

德新社的图形产品也有细致的划分，包括为大画幅报纸设计的 dpa-xxl-grafiken、专注于网络交互图形设计的 dpa-webgrafiken、旨在提供体育数据可视化图表的 dpa- sportgrafiken、关注经济数据变动的 dpa-globizz 等。信息图表和交互图形等新的视觉化图像在呈现复杂结构、增加互动性方面具有独特优势，

---

❶ Pressportal. dpa startet neues internationales Fotonetzwerk. [EB/OL]. （2017-01-01）[2020-02-08]. https：//www.presseportal.de/pm/8218/3524630.

尤其适合作为课程辅助材料（见图 5-8）。对此，德新社还推出了专门针对课堂教学的交互产品 GlobusSteps，只需通过键盘上的箭头或鼠标按键便可以在所有常见的数字屏幕上使用，提高课堂互动性。

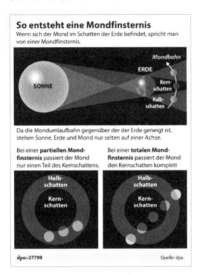

图 5-8　德新社关于月食的信息图表

3.多媒体信息服务

dpa-infocom 是德新社从事多媒体信息服务与创新的全资子公司，主要业务包括开发、实现和运营针对在线、移动和印刷的量身定制的内容和解决方案。作为编辑与技术之间的桥梁，dpa-infocom 将德新社内多种格式的产品结合到准备发布的多媒体产品内，从而形成一个个跨媒体的数字化产品。

其中，针对政治选举而开发的 dpa-ElectionsLive 是德新社多媒体信息服务的代表性工具产品。不论是欧盟选举、州选举还是国际选举，dpa-ElectionsLive 都可以实现实时数据的可视化呈现。例如，dpa-ElectionsLive 团队根据 2020 美国总统大选进程将信息内容和重点划分为 3 个阶段：2 月 3 日至 6 月 6 日为初选阶段，7 月 13 日起为总统和国会竞选阶段，11 月 3 日为最后阶段。前期 dpa-ElectionsLive 可提供选举总体进度、时间表安排、双方状态、民意调查等可视化数据，中期可以制作有关候选人的民意调查、地图选票分布情况，后期可以呈现最后的结果状态。

针对体育数据分析的 dpa-sportslive 工具产品则可把握重大体育赛事的时间场次安排，进行赛前、赛中、赛后数据分析、预测和结果解读，并通过数据可视化的方式加以呈现。

（三）议程及内容管理市场

随着智能手机和移动网络的普及，信息的时效性要求也随之提高，新闻工作者在处理议程邀约或关注实施信息更新上对时效性和便捷性也提出了要求。德新社通过人工智能、移动应用等技术手段，对议程管理、内容过滤和新闻分发等流程进行优化。

1. 议程管理：德新社议程（dpa-agenda）与机器人 Tex

德新社议程可被视为一个事件管理的数据库（见图 5-9）。该平台可以处理约 10000 个来自政治、商业、文化等多领域的约会事项，按照关键词、日期和相关性等字段进行过滤，24 小时持续更新。德新社议程主要用于媒体和通讯业的客户，但其议程的权重由德新社编辑团队进行设置。

图 5-9　德新社议程界面

2019 年，德新社开始尝试将人工智能引入议程安排之中。机器人 Tex 由 ferret-go 开发，于 2019 年 4 月正式推出。Tex 可以识别电子邮件中的议程预约信息，提取日期和事项，并自动转换为议程数据库中的条目，然后由编辑人员进行处理和完善。

人工智能帮助通讯社员工在处理邮件邀约尤其是纪念日议程等方面具有明显优势。如德新社主编斯文·哥斯曼（Sven·Gösmann）所言，人与软件之间的这种团队合作很好地说明了我们作为编辑者如何始终可以为客户提供更好的服务。Tex 没有拼写错误，为我们节省了时间和精力。❶基于德新社完善的数据库系统与分类标准，截至 2019 年 5 月，Tex 已经能够识别事件的日期、时间、主题、位置及联系人等信息，但同时也依然支持手动输入复杂的议程邀约。

❶ Alexander Missal. Künstliche Intelligenz：Kollege "Tex" unterst ü tzt den Planungs-Workflow，Innovation.dpa [EB/OL].（2019-05-16）[2019-12-10]. https：//innovation.dpa.com/2019/05/16/kuenstliche-intelligenz-tex-dpa-agenda/.

2. 应用联结：dpa-ID 加速数字化

dpa-ID 是德新社在 2018 年实现的一项重要技术，它使得用户可以通过单一用户名和密码登录和访问所有德新社应用程序。通过这一技术，从核心的中央新闻应用 dpa-news 到行业新闻过滤软件 dpa-Select，再到议程管理应用 dpa-Agenda，都可以联结在一起。此外，dpa-ID 也将授权同其他外部合作伙伴里连接，可以为服务和工具构建一个中央平台，从而加速数字产品开放与应用。

通过 dpa-ID，用户可以轻松地访问德新社在线资源和服务，且该 ID 不仅能够用于管理访问授权，还有还能告知该账户持有人在德新社数据系统内的有用信息，与德新社保持对话与联系。例如，刚添加到 dpa-Agenda 的日期可以成为 dpa-Select 中的关键词匹配项，也可以用于其他应用程序中的测试内容，从而使用户能够更加便利地体验到德新社各类服务形成的协同效应。通过 dpa-ID 所联结的开放共享的德新社应用市场，能够更加快速地交付德新社内容和信息，并尽可能地满足个体化需求，适应客户商业模式。❶

3. 内容优化：news aktuell 与人工智能 Viper

德新社全资子公司 news aktuell 是专门为媒体与公关之间提供交流工具的公司，它所提供的 news aktuell 服务可以帮助新闻分发。news aktuell 提供的原始文本服务（Original Text Service）可以优化客户同国内外媒体的联系，优化内容在搜索引擎中的位置，德新社设计的 zimpel 软件有超过 75 万个实时更新的全球编辑联系方式，可以在内容分发的过程中更准确地寻找和定位目标用户与受众。

近年来，德新社还将人工智能引入文本搜索方面，Viper 是其中具有代表

---

❶ Peter Kropsch. Eine einzige ID für das komplette dpa-Universum .Innovation.dpa[EB/OL]. （2018-10-30）[2020-02-11]. https：//innovation.dpa.com/2018/10/30/dpa-id-eine-id-fuer-das-dpa-universum/.

性的项目。Viper 的创意来自于 2017 年年初由 news aktuell 所组织的为期 3 天的公关骇客马拉松项目（PR-Hackathon）❶中的获奖作品 Whizzually。Whizzually 中大量使用了谷歌、IBM 和微软（Microsoft）等主要公司的免费 AI 工具，可以更快地分析图像内容并输出图像描述、人物描述和图像标签，同时保持可追溯性。以 Whizzually 为基础，德新社进一步研发了 Viper 项目。但 Viper 关注的是文本领域的自动索引。在传统的 news aktuell 体系中，客户的新闻稿通过原始文本服务系统进行发送和编辑，很大程度上依赖团队成员的人工处理。启用 Viper 的人工智能程序后，新闻文本中的关键词可以由系统自动编辑生成，文本的人物、位置和含义可以被检查并自动标记，大大减少了编辑的工作量，也提高了工作效率（Viper 的自动编辑功能如图 5-10 所示）。

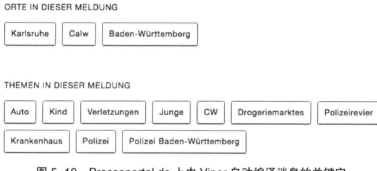

图 5-10　Presseportal.de 上由 Viper 自动编译消息的关键字

目前，通过加入 Viper，news aktuell 已经在 www.presseportal.de 推出了首个人工智能编辑的新闻页面 blaulicht。德新社的每日新闻栏目每天还会发布 500 多个来自警察、消防队、当局和其他部门的报道，通过关键字和标签与相关主

---

❶ Pressportal. Aufbruchstimmung：Drei Tage PR-Hackathon in Frankfurt[N/OL].（2017-02-20）[2019-11-12]. https：//www.presseportal.de/pm/6344/3564990.

题、地域的新闻相连接，便于用户也可以看到各地新闻之间的联系。❶

（四）创新性产品

1. 用户定制内容服务（dpa-Custom Content，dpa-CC）

德新社用户定制内容服务根据客户需求定制新闻内容。德新社专门在汉堡设置了一个独立于柏林中央编辑部的定制内容服务编辑部，由经验丰富的新闻工作者组成，编辑人员同客户之间保持密切联系，根据其要求协调项目进展，按需提供独家内容，以补充通讯社的新闻产品。在这个过程中，德新社可以调用其一切现有新闻资源（包括记者网络、数据库及技术手段等）提供服务。

德新社的这项服务可以根据客户需求提供全球范围内阿拉伯语、英语、西班牙语、德语4种语种的信息采写，还可以为客户信息传播提供咨询和解决方案。文字方面可提供短消息、新闻故事、报告、人物、内容营销等文字服务以及可以由客户进一步编辑处理的特殊格式内容，如时事通讯、小册子等。照片等视觉呈现方面，主要通过图片联盟数据库及图片新闻的每日图片报道提供支持。音视频方面，德新社提供播客、视频定制服务。根据媒体要求，德新社可以在某地提供音视频采录，或为某说明性网站或影像提供符合传播规律或用户习惯的音视频解决方案。除此之外，德新社也为用户提供定制化的数字出版、移动通信、应用程序的技术支持。目前，德新社集团体系内的所有技术都可为用户提供内容定制服务，甚至可以根据需要直接在客户的内容管理系统中工作。

---

❶　Birger Johannsen. Projekt Viper：Textanalysen und automatische Stichwortvergabe mit Künstlicher Intelligenz.Innovation.dpa[EB/OL].（2018-11-13）[2019-11-13]. https：//innovation. dpa.com/2018/11/13/viper-stichwortvergabe-kuenstliche-intelligenz/.

德新社的内容定制是一项面向包括媒体、网站、政府、企业、NGO、儿童等特定群体或个人等所有有需要的用户的开放性业务。深度结合客户和目标受众需求的"精准定制"是该服务追求的目标。如图 5-11 所示，德新社考虑到足球传播发展的现状和儿童用户的阅读特点，在为德国足球协会设计儿童页面内容时，设计了 paule 及他的小伙伴等系列卡通形象角色，通过漫画、动画、插图介绍足球新闻、足球规则等内容。

图 5-11　为德国足球协会儿童页面设计的内容 "PAULE und seine Fu β ballfreunde"

通过邮件方式推出的新闻简报（Newsletter & Briefings）服务是德新社客户定制服务的代表性产品之一。德新社认为，电子邮件往往被视为已经过时，但实际上它的价值被低估了。"社交媒体观察"博客的创始人马丁·费伦森（Martin Fehrensen）曾说，邮件带给人平静、紧凑和可靠性，它提供了一个独特的机会来突破信息丛林。德新社的新闻简报服务能够为客户提供更广阔的外部视野和更专业化的内容选择、编排，可以应客户需求选择主题、范围、外观、频次等标准定制新闻简报或提供行业相关资讯推送服务，应用于品牌营销、用户联系、公司内部交流等多种场景。

德新社还针对特定活动提供活动报道（Event Coverage）的一站式服务，

包括前期策划、期间的活动执行、后续的活动效果追踪与报道等。例如，针对2018年在德国举行的中欧商业会议"汉堡峰会：中国与欧洲相遇"，德新社基于社交化传播的新环境制定了覆盖会议全程的推特平台英语实时报道计划。内容定制团队仅在20小时之内就制作了125万条推文和15条文字报道，汉堡峰会的推文总访问量达到1500万用户。

2. My Country Talk 项目

在全球政治环境日益分化的背景下，尊重意见多元，促进社会共识和对话也是新闻业的共同目标之一。德新社的新闻产品只提供报道，不提供评论和价值引导，但在通讯社的产品体系中设计有用于政治意见表达的对话平台。

My Country Talk 是德新社参与和倡导的一个非营利性国际政治对话平台。该项目最早由《时代周刊》（*DIE ZEIT*）在德国竞选期间发起，取名为"德国对话"（deutschland-spricht），通过组织不同政见的人参与线下聚会和对话，增进政治共识和理解。截至2017年春，"德国对话"注册读者超过1.2万人，并受到德国以及意大利、法国、阿根廷等多方关注。2018年，"德国对话"在谷歌公司资助下，免费开放系统，与德新社以及加拿大、挪威、意大利的15家媒体和机构一同在此基础上尝试性地开设了国际性政治对话项目"My Country Talk"。2019年，基于这一平台的"欧洲对话"（Europe Talks）让来自33个国家的1.6万多名不同文化背景的读者有了对话的机会。在意大利的首次线下测试活动中，约70人参与了"意大利对话"（L'Italia si parla）。My Country Talk 还将在瑞士、丹麦、挪威、荷兰、阿根廷和美国阿拉斯加州等国家或地区开展活动。从"德国对话"到"全球对话"，在全球多媒体及政府、社会组织的支持下，该项目不再局限于德国境内，其他国家的人也可以参与讨

论其所关切的政治话题。❶

在这个过程中，德新社已经不仅仅是传统的新闻批发商，而是成了跨国界的政治对话活动的组织者，在促进社会多元意见表达、交流的同时，也更加深入地嵌入到个人化的政治表达、政治交往和政治对话活动中。

第三节　德新社数字化发展模式与未来规划

一、德新社数字化发展模式与创新探索

德新社的数字化发展与创新是全方位、多领域的变革，有赖于技术、人才、经营管理、空间规划等多方面的创新和探索，主要体现在以下几方面。

（一）敢破敢立拓展经营发展空间

数字时代给通讯社带来的一个较为明显挑战便是传统媒体收入下降带来的传统业务收益萎缩。如何改善传统业务收入状况，开发新的业务增长点是德新社在数字化过程中面临的首要任务。为此，德新社进行了机构重组、多元合作、空间集中等一系列敢破敢立的大胆探索。

破除空间隔阂，建立新的发展空间。在子母公司经营上，德新社通过兼并重组子公司，使得每个子公司负责一项产品或服务的研发与创新，在理顺业务体系的同时，分散了企业风险，提高了单个业务运行的独立性和灵活性。在对全球编

---

❶ Francesco Giammarco. Italien ist nicht Deutschland [EB/OL].（2018-06-11）[2020-02-13]. https：//www.zeit.de/politik/ausland/2018-06/l-italia-si-parla-bologna-my-country-talks.

辑部的重组上，德新社以适应市场需求与提高投资收益为原则进行持续调整，明确发展重心的同时不断尝试新业务，及时止损市场反应不佳的业务。如在土耳其市场推出的双语服务 9 个月便取消，因西班牙语市场收益下降削减文字记者数量而重点投资视觉市场等。在内容编辑上，德新社将核心编辑部集中于柏林，在同一空间下协调合作，实现地理上的集中；通过推出一系列议程管理、内容编辑、分发销售的技术平台，整合了机构自有信息资源，通过 dpa-ID 联结实现所有应用的连接，为用户带来便捷性的同时形成机构内部的协同效应。

突破角色认知，开拓新的业务增长点。传统媒体时代，德新社以面向机构用户的新闻批发商为自我定位。进入数字化转型阶段后，德新社将自己的定位调整为面向多元用户的全方位信息服务商，可以以德语、英语、西班牙语、阿拉伯语等多样化语种为公关、企业、政府、儿童等任何个人或组织提供信息资讯、活动组织策划、信息监测、效果评估等系列定制服务，从而大幅扩大了业务范围、服务领域，也带来了更多收入增长的机会。

打破竞争壁垒，开创合作共赢新局面。德新社同瑞典、奥地利、法新社等多家他国通讯社并不止步于业务合作层面，而是以股权合作的方式形成风险共担、收益共享的利益共同体，以实现更加稳定的资源共享和产品开发合作关系。在图片、新闻事实核查等领域，德新社也同世界范围内的互联网企业、图片社、通讯社等密切合作。由此，德新社将竞争者转变为"合作者"。如德新社同美联社的合作，既拥有了美联社在德销售的专有权利，也成为德新社历史上的一个里程碑式时刻。❶

---

❶ MT Intern. Deutsche Presse-Agentur DPA auch 2012 wirtschaftlich erfolgreich.[EB/OL].（2013-06-29）[2020-02-05]. https：//www.mindenertageblatt.de/blog_mt_intern/deutsche-presse-agentur-dpa-auch-2012-wirtschaftlich-erfolgreich/.

（二）数字技术驱动产品创新

技术的应用在德新社转型发展中是一个亮点。早在 20 世纪 80 年代中期，德新社便已经开始使用最早的笔记本电脑之一——Olivetti M10 工作；在近 30 年来的数字化转型中，德新社的数字化新产品在市场上的反应良好也得益于数字技术驱动下的产品创新。德新社认为，自成立以来，自己一直是一个技术驱动型机构。可靠的 IT 基础架构使得全天候新闻制作成为可能。❶

数字化推动多媒体内容生产。图片、文本、音视频等多格式内容的数字化为数据库的诞生提供了基础，为历史档案开发、跨媒体产品开发、组合售卖、数字出版等提供了可能。应用程序和创新工具的研发，如 dpa-ID、dpa-ElectionsLive 等在优化了工作流程、用户联系的同时，也促进了可视化数据新闻的内容生产。

人工智能优化议程及内容管理。德新社工作人员长期关注人工智能发展，探索人与机器合作共生的发展模式。在日常编辑方面，2015 年以来，德新社新闻实验室（dpa-newslab）和 Deutsche Welle Innovation 团队协同柏林的 Neofonie（文本分析）和 Fraunhofer IAIS（音频分析）团队推进了 News Stream 项目。该项目利用大数据和 AI 技术对数千个新闻源进行评估，比较文本片段，利用人工智能实现内容整理、发布自动化。在议程管理上，2019 年 4 月，人工智能机器人 Tex 投入使用，参与电子邮件中的议程识别与抓取；在文本识别和过滤上，2018 年，News aktuell 的首个 AI 项目 Viper 也利用人工智能的自动关键词分配优化了工作流程与新闻组合。

举办骇客马拉松（dpa hackathon）与创新博客，鼓励创新对话。自 2017 年初举办首次骇客马拉松以来，德新社不断地在该活动中受益，通过短时间内

---

❶ dpa. Geschäftsbericht [Annual report] 2018[EB/OL].（2019-08-18）[2019-12-13]. https://api.novamag.de/gridfs/Medias/384c1d938e4f0de420333a28/dpa_Geschaeftsbericht_2018.pdf.

的编码竞赛与头脑风暴，汇聚全国乃至世界优秀程序员、设计师的想法。用于文本分析和关键词自动分配的 Viper 的创意便来源于首次骇客马拉松。在 2019 年举办的骇客马拉松中又出现了很多创新性的技术应用工具，如用于图像检索的 veri easy、分析内容与读者行为数据关系的 HillSight、通过 AI 智能推荐以达成内容精准投递的 Fair Chance 项目等。这些优质的项目都有可能成为德新社进一步研发和推进的新产品，从而被应用到新闻生产的各个环节之中。此外，德新社所设立的创新博客 innovation.dpa.com 成为鼓励客户参与创新测试，分享德新社研究进展的重要平台。

（三）以产品及用户思维把握客户需求

德新社管委会主席彼得·克罗普曾指出，在新闻业中真正推动我们发展的有两件事：用户行为和新技术。在技术之外，德新社从用户视角出发，以用户思维发掘用户需求，发掘市场和业务机遇；运用产品思维，实现技术、内容与用户需求的对接，并逐步建构相互关联支撑的产品网络体系。

细分受众，以用户思维精准把握用户需求。首先，德新社的每一项服务和产品都有明确的目标用户群体。它将客户按性质分为媒体、政府、企业、公关、学校、NGO 等；还提供专门面向儿童、海外用户研发特殊服务。其次，德新社重视通过与用户的直接接触、互动了解用户需求和反馈。例如，德新社经常组织线上或线下的对话活动，邀请用户参与软件开发测试或新产品测试。最后，德新社改变传统的不断加大定制化产品、服务以及整体解决方案的供给，针对用户需求提供多元产品组合方案，根据具体项目的内容、进程提供产品应用的策略和方法建议，并提供后续效果追踪，从而形成一站式解决方案。德新社在 2018 年年报中写道，"客户"一词已经不能简单地包括所有德新社服务的使用者，这些用户从被动接受者转变为通讯社的价值共创者。

细分产品，以产品思维打造一体化工具平台。从单一类型格式产品到各种主题的新闻包，从一次性活动报道到持续性信息监测，从信息过滤到内容分发，德新社将产品经理们不断挖掘出的用户需求与德新社的资源和技术部门相连接，打造创新产品。通过梳理德新社的产品可以清楚地看到，虽然德新社将不同产品交由不同子公司运营，但每一个产品都不是孤立的，而是与其他应用、服务、数据库相互连接，形成一体化的多平产品体系。如 dpa-ElectionsLive 不仅与图形、交互图表等可视化产品联系在一起，也与数据调查、内容采集相关联，dpa-ElectionsLive 的采购又可以以 dpa-ID 与其他德新社服务对接。

综上，德新社的数字转型经验表明，创新是发展的动力。不论是多元经营空间的拓展还是数字产品的开发抑或是用户需求的把握，都离不开对不同时代、不同环境下"人"与"信息"、"通讯社"与"用户"之间关系的思考。这种思考是实现技术与市场对接的重要步骤，也是在持续变化的环境中自身价值发掘、自身定位调适的重要依据。

二、德新社发展战略与未来规划

由于德新社属于私有产权机构，不能像法新社、西班牙通讯社一样获得国家财政支持，因此面临更大的经营压力。2018 年，德语区智能手机用户规模约为 5700 万，❶ 其中 83.% 的人每天使用手机访问互联网，❷ 这两项数据目前呈

---

❶ Statista. Number of smartphone users in Germany from January 2009 to 2018[EB/OL].（2019–05–04）[2019–12–23]. https：//www.statista.com/statistics/461801/number–of–smartphone–users–in–germany.

❷ eMarketer. Smartphones and Tablets Drive Internet Use in Germany[EB/OL].（2019–12–23）[2019–12–23]. https：//www.emarketer.com/Article/Smartphones–Tablets–Drive–Internet–Use–Germany/1013757 .

现上升态势，但增幅较为缓慢。从公开资料看，德新社的发展规划主要着眼于加强同客户之间联系、加快数字化产品研发、重点发展德语市场、加强新闻事实核查等方面。

基于数字驱动的内容发布，加大个人用户市场的开拓力度，探索直达最终受众，将读者转变为客户是德新社的未来发展方向之一。德新社多次强调产品研发同用户之间的联系，认为用户行为是推动新闻业创新的重要来源。德新社为此制定了内容呈现（Performing Content）项目，旨在通过大量具体的用户使用数据和测试来了解细分化的最终受众如何使用德新社的新闻内容，以此作为基于广泛的数据库资源和媒体目标进行产品开发的依据，以更好地匹配信息与目标受众。2018 年，德新社已经同 Bineos 一起合作测试了 45 岁以上的女性对 dpa-ServiceLine 等内容的评分。通过计算机算法优化，可以实现个性化推荐和新闻定向投放。❶ 通过在多国陆续开展的 My Country Talk 活动也有助于德新社直接了解各地不同政见者的社会分歧与政治共识，更好地把握当地政治意见的走向和相应的信息需求。

加快数字化产品研发。德新社正在从内容服务商转变为面向媒体、企业和社会客户提供创新服务和工具的平台。根据 2018 年年报中管委会主席发言，德新社的数字化产品在市场上反应良好，将会在机器学习和人工智能领域继续创新。2020 年 2 月，德新社邀请谷歌前高管约尔格·菲佛（Jörg Pfeiffer）出任内容自动化与数据新闻（Automated Content & Data Journalism）产品团队主管，重点探索整合外部数据与人工智能技术、新闻专业技术的自动化数据新闻产品研发及其运营管理。同时，德新社还计划在面向用户的自助式人工智能生产平

---

❶ Meinolf Ellers. dpa-Projekt Performing Content：Der Blick hinter den zweiten Hügel. Innovation.dpa[EB/OL].（2018-03-23）[2019-12-23]. https：//innovation.dpa.com/2018/03/23/dpa-projekt-performing-content/.

台开发和优化方面进行更多的投入。

改组西班牙语等外语服务，重点发展德语市场和视觉市场。2019 年，由于国际活动成本压力的加剧，德新社不得不重组其西班牙语文字服务，减少文字记者岗位，更多地开发视觉服务市场。❶ 根据 2018 年年报，受中东形势、报纸发行下降等因素影响，德新社在其他语种服务上的收益都不理想，阿拉伯语等国际服务可能也面临重组。德新社的国际业务大部分来自其在德语市场的收入，德新社发展将更多地关注本土和国际德语市场。同时，德新社也明确表示，未来的人工智能技术研发将首先运用到图片等视觉服务方面，因此未来德新社的数字化产品投入也将更多地集中在视觉领域。

加强新闻事实核查，增进新闻信任。国际公关机构爱德曼（Edelman）的调研表明，全球范围内对可靠新闻的需求仍在持续增长，超过半数的德国人表示不知道该如何从新闻中区分虚假信息。传统新闻品牌的信任度要远高于新的数字媒体或脸书等社交平台。❷ 因此，对于世界性通讯社而言，保持其信任资本并将其扩展到更加广泛的客户和用户群范围显得尤为重要。2017 年，德新社加入国际信息信任项目（The Trust Project），通过在互联网上以信任指示符的方式标记可信任的内容，为用户提供参考。2019 年 3 月，德新社成为脸书打击虚假新闻提供事实核查的合作伙伴，将其在新闻事实核查方面的影响力向社交媒体平台扩展。

德新社同样也面临着层出不穷的挑战。从经济环境看，新冠疫情造成全球

---

❶ APA-DeFacto. Umstrukturierung bei dpa: Neugestaltung von spanischsprachigem Dienst[N/OL].（2018-11-22）[2019-12-13]. https：//www.derstandard.at/story/2000092047306/umstrukturierung-bei-dpa-neugestaltung-von-spanischsprachigem-dienst.

❷ Edelman. EDELMAN TRUST BAROMETER 2018：FAKE NEWS WEITEN GLOBALE VERTRAUESKRISE AUS-RINGEN UM WAHRHEIT FÜHRT ZU REVIVAL VON JOURNALISTEN UND[EB/OL].（2018-01-21）[2020-02-11]. https：//www.edelman.de/research/edelman-trust-barometer-2018-fake-news.

经济下行，整个欧盟经济增长迟缓，如欧元区经济增长出现停滞，德国经济出现萎缩。从科技和经营角度看，德新社的研发投入有待进一步加强，德新社虽然子公司及合作伙伴众多，但多元化经营在带来收益和创新的同时也存在品牌及特色产品不鲜明的缺点，媒体合作制的经营模式也存在弊端。再者，公司内部转型所带来的矛盾压力增大，需要协调好数字化转型过程中的员工关系。2019 年 6 月，因薪资问题德新社发生了建社以来首次员工罢工，劳资矛盾风险不容忽视。此外，新闻内容是通讯社赖以生存的基础，尽管德新社对外宣称独立性和公正性，但其报道的准确度却时常受到质疑，被认为操纵性报道❶。面向政府和公关所提供信息服务与新闻独立性、客观性之间也存在矛盾，亟待理清。

德新社数字化发展大事记

1994 年，德新社子公司全球媒体服务有限公司收购了位于汉堡的当代新闻公司。同年，德新社在华盛顿增设了一个英文编辑部；

1995 年，德新社图片服务完全转为数字化制作，建立了图片数据库。子公司全球媒体服务有限公司也设置了专题服务；

1996 年，德新社将西语编辑部从汉堡移至马德里，并建立 dpa Agencia de Prensa Alemana SL；

1997 年，收购 RUFA 广播新闻代理服务公司，并将德意志新闻公司与母公司合并。同年，德新社推出德新社媒体服务系统，可用于接收视频、在线内

---

❶ Michalis Pantelouris. Lehnt dpa die Realität eigentlich ab, oder hält sie sie nur für nicht notwendig? CARTA[N/OL]. （2012-07-30）[2020-02-13]. http：//carta.info/lehnt-dpa-die-realitat-eigentlich-ab-oder-halt-sie-sie-nur-fur-nicht-notwendig/.

容、图形（dpa-Grafik）以及音频等多种形式信息内容；

1997 年 1 月，德新社在尼科西亚/塞浦路斯设立了专门的阿拉伯语编辑部。同年，在曼谷设置亚洲英语编辑部；

1999 年，德新社重组基本服务（dpa-Basisdienstes）和欧洲服务（dpa-Europadienstes）在汉堡的编辑部，并创立名为杂项/现代生活（Vermischtes/Modernes Leben）新部门，成立德新社经济新闻公司；

2000 年，德新社在柏林设首都办事处，成立子公司 dpa-infocom，推出数据库 dpa-Bilddatenbank；

2002 年，德新社重组英语国际服务，自 8 月以来编辑部在爱尔兰的科特对信息进行编辑。同年，成立全资子公司德新社图片联盟，后发展成为图片数据库；

2004 年，德新社推出新的定价模式（包括流通折扣在内）。同年，推出了名为 dpa-MINDS 的技术平台；

2007 年，德新社推出首个跨媒体和针对特定目标群体的特殊信息服务"面向儿童的信息"；

2010 年，德新社整合汉堡、法兰克福和柏林编辑部，迁到柏林马克格拉芬大街，设立了新的编辑部总部；

2013 年，德新社推出了新的议程预约系统——Termindienstes dpa-Agenda；

2016 年，多媒体档案 Multimedia-Dossiers dpa-Story 开始运作；同年提供定制内容的 dpa-Custom Content 也正式推出；

2017 年 1 月 1 日，德新社启动新的国际摄影网络，以服务当前图片服务 dpa-Bildfunk，摄影网络包括世界各地的德新社摄影师以及美联社、英国新闻联合社、韩联社、瑞典通讯社等；

2017 年 2 月 20 日，在法兰克福首次举办了为期三天的公关骇客马拉松，产生了许多新的创意点；

2018 年，德新社开发数字化销售网站 www.dpa-shop.com；

2018 年 11 月，News aktell 的首个人工智能项目 Viper 投入使用，关注文本分析和关键词自动分配；

2019 年 3 月，德新社成为脸书打击虚假新闻提供事实核查的合作伙伴；

2019 年 4 月，推出人工智能机器人 Tex，用于电子邮件中的日期、事件等识别提取，并纳入议程管理中。

第六章　埃菲社数字化转型发展研究

第一节　埃菲社概况与数字化发展历程

一、埃菲社简介与现状

埃菲通讯社（Agencia EFE）简称埃菲社，是西班牙最大的通讯社，也是西班牙语系影响最大的通讯社（见图 6-1）。埃菲社的起源可以追随到 1865 年由记者尼罗·玛丽亚·法布拉（Nilo María Fabra）创办的西班牙第一家通讯社——通讯中心（Correspondents Center）。1919 年，在通讯中心的基础上，哈瓦斯入股成立了法布拉通讯社（Fabra）。1939 年 1 月 3 日，正值西班牙内战期间，在记者阿尔瑙（Arnau）的发起下，当时的内政部长拉蒙（SerranoSuñer）同意合并法布拉等通讯社，成立埃菲社。目前，埃菲社已经成为全球知名的世界性通讯社之一。

图 6-1 埃菲社标识

埃菲社创立时正值西班牙内战。因此，埃菲社从建立开始就承担了政府沟通的责任，向西班牙地区以及海外传播有利于获胜军队的信息。从这个意义上来看，埃菲社在成立之初并不是一家以盈利为主要目标的通讯社，而是具有鲜明的国家属性和政治属性。自 1966 年起，埃菲社三分之二的股份由国家掌握，三分之一的股份分别由储蓄银行和新闻公司等私人公司掌握。20 世纪 70 年代后期，弗朗哥独裁统治结束，埃菲社开始尝试改变高度依赖政府的机构形象。在一段时间内，埃菲社与政府或其他公共机构签署的协议和保障条款都包含有"埃菲社将始终遵循客观性和独立性原则"的内容❶。但是这种努力并未获得成功。1998 年，国家控制的埃菲社股份比例扩大至 99.7%；2001 年，埃菲社的股份全部由国家掌握。目前，从法律形式上看，埃菲社是一家国有有限公司，其唯一股东是隶属于西班牙财政和公共行政部的国有工业公司，大部分经费来源于政府拨款，社长由政府任命。从收入来源上来看，埃菲社的大部分收入来自于公共服务补偿（西班牙法令规定埃菲社需要履行公共服务的相关义务，并有相应补偿的方法）。埃菲社公布的年度报告显示，2017 年、2018 年该社营业额净额分别为 7712 万欧元和 8735 万欧元，而公共服务补偿占营业额净额的比例均超过半数，分别为 51% 和 58%。因此，埃菲社从本质上看是一家西班牙国有通讯社。

---

❶ Artero J P, Moraes R. Strategic choice at European news agencies: Reuters, France Presse, and EFE[J]. Communication & Society, 2008, 21（1）.

埃菲社最初的办公地点位于布尔戈斯，随后迁至马德里。埃菲社的分支机构根据级别不同分为代表团和办事处两种，西班牙境内的组织网络由 16 个代表团、5 个分代表团和 9 个常设办事处组成，并在全球五大洲的 120 个国家和地区的近 200 个城市里设有 43 个办事处，拥有来自 60 个不同国家的 3000 多名员工。埃菲社以西班牙语、葡萄牙语、英语、阿拉伯语、加泰罗尼亚语和加利西亚语 6 种语言生产新闻稿、照片、图表、音频、视频等多种形式的新闻产品，并为机构、政党、协会、公共行政部门等不同类型的客户提供定制化服务，平均每年在不同终端上发布 300 万个新闻项目，每天到达全球 2000 多家媒体机构，是世界上用西班牙文发稿最多的通讯社，但其主要经营的市场是西班牙和拉丁美洲。

随着数字化时代的到来，埃菲社已经推出诸如包括世界数字议程、EFE 频道等满足数字时代信息需求的新产品，并持续进行着以技术应用和产品体系改进为核心的数字化转型。

二、埃菲社融合发展进程

自 20 世纪 60 年代起，随着西班牙国民经济和民主体制的发展，埃菲社开始大力开展国外业务，国际影响力逐步增强。1969 年，埃菲社开始以英语和法语提供简化的信息服务。1972 年 11 月，埃菲社与中美洲的私人媒体在巴拿马成立了中美洲新闻社（ACAN），其服务通过卫星到达巴拿马，分发给所有中美洲国家。20 世纪 80 年代末 90 年代初，面对互联网的出现和发展，埃菲社积极使用和开发新技术，开启了数字化转型的道路。

（一）第一阶段：建设数据库和网站，扩大服务范围（1988—1999 年）

1988 年，埃菲社启动 EFE 数据库服务，这是全球第一个西班牙语数据库服务，也是埃菲社数字化进程中具有里程碑意义的业务。同年 12 月 21 日，埃菲社开始提供 Efecom 服务，西班牙企业家可以通过电话线将个人计算机与 Efecom 中央计算机相连，从而直接接收来自全球的商务信息、财务数据和实时发生的业务资讯。这项服务有助于西班牙 4 个交易所和里斯本交易所的报价、关闭和索引。该系统还传输来自西班牙银行、主要国际交易所、外汇和贵金属市场的美元和其他货币的价格，以及来自英国央行和欧洲央行的公报或独家信息。❶1989 年，埃菲社开始通过通信卫星进行信息分发。

自 1990 年起，埃菲社开始提供面向互联网的特定主题或专题内容供应服务，并创建了自己的信息化服务业务 Efecom 和 Efeagro。Efecom 是以埃菲社原有的 Efecom 服务为基础建设的综合性信息网站，也是今天埃菲社的门户网站。Efeagro 是一家提供农业食品行业相关内容的专业信息机构，主要满足机构和商业协会、媒体、农业公司和合作社、农业食品行业相关的各种公司以及个体消费者的信息需求，还针对谷物和牛、水果蔬菜花卉、渔业、葡萄酒行业开通专门的信息服务通道。4 年后，埃菲社与欧盟政策门户网站 EurActiv 合作创建 Euroefe（euroefe.euractiv.es），旨在深入了解欧盟，解读欧盟政策，传递与西班牙相关的欧洲信息。

这一时期，埃菲社也开始扩展自身业务范围。1991 年，埃菲社开始进行正式的图文电视广播，即 TELETEXTO 广播；1995 年，埃菲社在格拉纳达开设了阿拉伯语信息服务；1998 年，数字摄影档案服务 FOTOTECA 正式上线，

---

❶ La agencia Efe pone en marcha el servicio económico Efecom[EB/OL]. （1988-12-22）[2020-01-09]. https://elpais.com/diario/1988/12/22/economia/598748418_850215.html.

收录了埃菲社自 19 世纪后期以来积累的图片资料，是目前西班牙语世界最大的图片档案门户。

（二）第二阶段：扩展语言服务，开创视听业务，进军国际市场（2000—2008 年）

进入 21 世纪以后，互联网的发展不断提速，在给传统媒体带来发展机遇的同时，也带来了严峻的挑战。2001 年 5 月 25 日，西班牙政府召开部长理事会，根据 5 月 14 日"第 7/2001 号"法律的规定达成了一致，对国家财产法进行了修正，埃菲社的股权结构发生重大变化：西班牙政府将埃菲社 100% 的股份转让给国有工业公司（SEPI）。该转让于 2002 年 2 月 25 日正式完成，国有工业公司成为埃菲社的唯一股东，埃菲社的机构属性确立为西班牙国家商业公司。为了适应技术的发展、市场的变动和股权归属带来的机构性质变化，埃菲社开始将新技术更多地应用于国际语言服务中，在顺应新媒体发展潮流的同时，开拓国际市场。

2001 年，埃菲社推出葡萄牙语新闻服务，以葡萄牙语生成实时的每日国际新闻。与其他通讯社聘用其他语种记者生产多语种新闻信息的方式不同的是，埃菲社的葡萄牙语新闻由智能系统从西班牙语翻译生成，再由编辑团队选择他们认为最重要的新闻，并进行语法检查。2003 年，埃菲社在美国迈阿密创建了编辑中心，以促进美国市场的开发。同年，埃菲社与欧洲新闻图片社（EPA）合作推出了国际图像服务（Servicio Gráfico Internacional，SGI）。2005 年，埃菲社将中美洲服务（ACAN-EFE）的内容集成到了埃菲社总社服务中。2006 年 4 月，阿拉伯语新闻服务开始运营，该服务由位于开罗的中东代表团提供，每天平均发出 100 条左右的新闻。次年，埃菲社在阿拉伯联合酋长国的首都阿布扎比设立办事处，该办事处提供的信息覆盖了位于波斯湾的 6 个阿拉伯国家以及也门和伊朗，扩大了埃菲社在阿拉伯地区的新闻业务覆盖面和商业空间。2007 年 7 月，埃菲社与印度的亚洲新闻社（IANS）签署了有关交换新闻的合作协议，开始进一步开拓亚洲市场。

2007 年，埃菲社决定在分支机构中同时启动视听服务。埃菲社与西班牙电视台（TVE）达成战略联盟，创建了国际新闻视听服务——TVEFE América（西班牙语）和 TVEFE Brasil（葡萄牙语），目的是"以拉丁方式处理世界新闻"，这是埃菲社在数字化转型过程中的一个重大举措，也是在国际新闻市场中自我定位的一次重新调整。针对该服务，埃菲社在波哥大、里约热内卢和马德里分别成立了编辑部，以协调整个制作流程。TVEFE 服务以原始图像的形式显示，并带有环境声音和语音，以便用户能够迅速理解随图像提供的解释性文字。TVEFE 每天至少播出 25 条拉丁美洲的视频新闻内容，可运用于数字报纸、电视频道和 Web 页面。随着这一视频业务的运行，微型摄像机在埃菲社记者中逐渐普及。埃菲社电视台主管玛塔·塞拉梅（Marta Cerame）表示，那一年之前（指 2007 年国际新闻视听服务启动后），埃菲社是独家的国家级录像机构，而现在我们是一个国际机构。❶2007 年 10 月，埃菲社总裁亚历克斯·格里耶尔莫（Álex Grijelmo）当选为世界新闻通讯社理事会主席，这在一定程度上体现了国际新闻界对埃菲社世界性通讯社地位的认可。

受益于业务的扩展和国际市场的扩大，埃菲社在 2005 年、2006 年、2007 年和 2008 年的财务结算中获得了盈利，这对长年亏损的埃菲社来说是个巨大的进步。

---

❶　Coto García-Bravo R. Funcionamiento interno de la Agencia EFE：hacia una agencia multimedia[D]. Madrid：Universidadc Complutense De Madrid，2019.

（三）2009 年至今：打造专业网站，寻求多方合作，实现公共价值

2009 年，在经济危机和行业竞争加剧的背景下，短暂复苏的埃菲社再度陷入亏损。2009 年的亏损额度为 160 万欧元，2010 年增至 230 万欧元。2010 年 2 月 24 日，埃菲社总裁亚历克斯·格里耶尔莫（Álex Grijelmo）在员工会议上表示，若现在不采取行动，埃菲社将在 2012 年累积 1500 万欧元的债务，超出机构可承受的范围。由此，在迫切的生存危机压力下，埃菲社开始了新一轮的数字化发展探索，网站等新媒体业务被寄予厚望。

回顾经济危机以来埃菲社的发展历程，主要的调整发生在以下方面。

一是打造专业网站，提供专业化服务。2009 年，埃菲社代表在第八届国际环境新闻大会上提出 Efeverde 的构想，并在 2010 年成立专题网站。2013 年，埃菲社先后建设了 Efefuturo、Efesalud、Efe-Empresas、Efemotor 和 Efetur 网站，针对不同社会领域提供专业的服务。具体来看，Efeverde（www.efeverde.com）是埃菲社的全球环境新闻平台，是对环境感兴趣的人们的信息汇聚点；Efefuturo（www.efefuturo.com）是科学技术信息平台，主要提供有关科学研究、技术开发、新设备、互联网的相关新闻、信息和报告；Efesalud（www.efesalud.com）是健康信息平台，致力于建立面向群众渠道的渠道，旨在增进知识，促进主动性并解决公民对其健康和福祉的疑虑；Efe-Empresas（www.efeempresas.com）是经济信息平台，提供金融、市场变动、基金等经济相关的信息；Efemotor（www.efemotor.com）和 Efetur（www.efetur.com）分别是汽车信息平台和旅游信息平台，分别提供汽车领域和旅游行业的相关信息。

二是积极展开合作，扩展多媒体业务。2009 年，埃菲社与加泰罗尼亚地方新闻协会、市政广播电台等机构合作，提供加泰罗尼亚语服务，首次将加泰罗尼亚语整合到新闻自动翻译系统。目前，该系统每天提供 250 多条加泰罗

尼亚语的各种形式的信息。2011 年，针对环境新闻平台，埃菲社推出了面向 Android、iPhone、iPad 的免费 Efeverde 应用程序。2016 年 6 月，埃菲社推出了面向互联网用户的在线内容购买服务——Efedata 服务。该服务将埃菲社的文本、视频、照片、音频、报告或信息图等产品以数字内容的形式在线售卖。2017 年，亚洲英语 EFE-EPA 多媒体服务开始运营。

2019 年年初，埃菲社开始实施 EFE 360 项目，搭建埃菲社的全球多媒体平台，生产多种格式的主题内容。该项目的目的是促进公共服务信息的 360°浏览，并为传统客户以及新媒体和市场提供新服务。该项目实施 6 个月后，已经拥有了娱乐 360（Entertainment 360）和生活方式（Lifestyles）两个主题服务。它的定位是为欧盟项目、专业客户和集团网站提供内容，向埃菲社遍布全球的分支机构输出多媒体内容和文字新闻。❶

三是承担社会责任，实现公共价值。2018 年，埃菲社在机构内部推行平等待遇和机会新政策，并创建确保平等的网站（Efeminista.com）。2019 年 3 月，埃菲社获得了高级别 IPS 可持续管理证书，该证书是首次颁发给媒体机构，意味着埃菲社对环境保护做出的贡献得到了可持续生产研究所（IPS）的认可。埃菲社平等委员会还为记者准备了《无性别传播手册》，以避免用词不规范导致的性别方面的理解偏差。

---

❶ EFE 360. la plataforma global multimedia de la Agencia EFE [EB/OL].（2019-07-15）[2020-01-09].https：//www.agenciaefe.es/efe-360-la-plataforma-global-multimedia-la-agencia-efe/.

第二节　埃菲社数字化转型路径与代表性产品分析

一、埃菲社数字化转型路径分析

（一）通过语言服务扩展国际业务，从"国家新闻机构"向"国际新闻机构"转型

为了更好地在全球范围内开展业务，埃菲社在提供西班牙语的"通用国际文字服务"的同时，也面对不同的国际市场提供多语种语言服务。

从国内层面看，除西班牙语外，加泰罗尼亚语也是西班牙的官方语言之一。埃菲社除提供西班牙语文本服务外，还提供加泰罗尼亚语文本服务。该服务的文本内容主要来源于埃菲社西班牙语文本内容的自动翻译，平均每天生产120条新闻，内容主要涉及加利西亚社区的信息，还包含西班牙其他地区和与加利西亚有关联的国际信息。伴随着 Galego 数据库的发展，埃菲社加泰罗尼亚语文本服务不断升级，可对翻译系统生成的信息进行存档，在为其他记者提供参考的同时也对本社西班牙语数据库形成补充。

从国际层面看，"通用国际文字服务"是埃菲社较有特色的西班牙语国际新闻服务产品。该服务实时提供由遍布世界各地的埃菲社分支机构工作人员编写的国际新闻，内容涉及政治、经济、体育、社会、文化等不同主题。在内容分发时，由西班牙、美国、欧洲、非洲和远东地区的分支机构针对区域化的需求进行重点内容选择、编辑或增加本地内容后，再面向具体的目标市场进行输出。

同时，埃菲社还提供英语、葡萄牙语、阿拉伯语的国际文字服务，但内容生产方式、侧重点有所不同。其中，英语文本服务集中在迈阿密，主要由美国代表团进行内容生产，大多数内容涉及美国，也关注拉丁美洲世界；葡萄牙语文本服务的内容主要通过自动翻译系统由西班牙语内容转换而来，再由编辑审核；阿拉伯语文本服务面向阿拉伯地区，主要由埃菲社在开罗和阿布扎比分社的记者以阿拉伯语直接撰写，少量内容由总部提供的西班牙语新闻中翻译而来。

（二）调整组织架构，进一步建立规范化管理体系，适应数字化生产方式

随着国际业务的展开，埃菲社的境外分支机构数量和员工数量快速增长，导致了组织规模的快速膨胀，运营成本走高、管理效率走低的问题日益显现。为了凝聚核心竞争力，更好地将优势资源集中于开发市场前景明朗的数字化业务，2010年10月，埃菲社开始对庞大的全球信息网络进行重组，调整各地区分支机构的结构，精简其组织和工作系统，推进工作现代化和规范化，并更新信息线以适应数字化生产方式。

埃菲社在2019年发布的机构布局调整规划显示❶，埃菲社坚决发展数字化新闻，以量化的标准衡量新闻产品的产出，并制定信息更新原则。为满足战略发展需求，埃菲社对全社范围内的组织结构进行调整，涉及分工、业务、员工管理等日常运营和管理的各个方面。

管理结构方面，文件公布了埃菲社组织分类的新标准。基于对各分支机构

---

❶ EFE reclasifica sus delegaciones nacionales en una reorganización donde no sobra nadie [EB/OL]. （2009-10-07）[2020-3-10]. https：//www.periodistadigital.com/documentos/2009/10/07/Nota%20mapa%20delegaciones.pdf.

所在区域的人口、资源、员工、营业额、客户数量、收入支出、业务服务范围等数据和资料的统计分析，埃菲社在将西班牙境内的代表团划分为 A、B、C 三类，分别负责管理各自的机构；代表团之下再设置子代表团和常驻办公室。

就具体分工而言，A、B、C 三类分支机构的领导由埃菲社总裁任命，负责区域内的商业活动和经济管理。子代表团在 A、B、C 三类代表团的领导下组织信息活动，工作范围仅限于其所在的区域，没有独立提供信息服务的权限，而是将收集到的信息传输给所属分代表团统一处理。子代表团也负责区域内合作者关系的日常维护。常驻办公室主要设立在西班牙境内还没有代表团的省份，目的在于加强埃菲社与当地的联系，组建和协调当地的合作网络。常设办公室的负责人由总社任命，但在运营方面拥有更大的自由度。

在员工培训方面，文件指出，要为不同分支机构、不同职位的工作人员制定专门的职业培训计划，明确薪酬条件和晋升制度，以激发员工提升自身专业技能的积极性。

（三）更新"EFE"标识，打造埃菲社的专属品牌

早在 1978 年，埃菲社就系统地导入了企业形象识别系统，将旗下所有服务冠之以"EFE"名称。2006 年 3 月 24 日，埃菲社正式发布公司的新标识（见图 6-2），也象征着埃菲社的改头换面。新标识最大的变动是增加了冒号元素，意为"表达"，象征着埃菲社的使命——给人带来真实的声音和言语。随后，埃菲社旗下产品和网站陆续更换标识，将新标识融入产品品牌，形成统一的视觉识别体系，如 Efeverde（见图 6-3）、Efesalud（见图 6-4）和 Efetur（见图 6-5）的品牌标识。

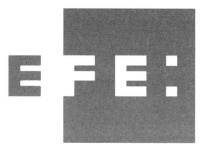

图 6-2　2006 年埃菲社标识

图 6-3　Efeverde 标识　　　　图 6-4　Efesalud 标识　　　　图 6-5　Efetur 标识

　　2019 年，埃菲社为庆祝机构成立 80 周年，再次对机构的标识（见图 6-6）进行更新。变化之处在于新增了黑白数字 8（有划痕）和用调色板创建的 0，意味着埃菲社从传统通讯机构（黑白）向拥有多媒体调色板的数字媒体的过渡，也意味着埃菲社将在未来探索更加多样化、多元化的无限发展可能性。❶但目前这个新的、更复杂的标识还没有得到广泛应用。同时，埃菲社借助 80 周年庆祝活动，在世界范围内宣传其品牌概念和办社理念，以提升品牌的国际知名度和影响力。

　　❶　EFE estrena nueva imagen para conmemorar su 80º aniversario [EB/OL].（2019-09-23）[2020-03-10]. https：//prnoticias.com/periodismo/periodismo-pr/20175418-efe-nueva-imagen-aniversario.

图 6-6　2019 年埃菲社新标识

（四）转变报道方式，发力社交媒体平台

社交媒体的出现和发展对传统新闻媒体造成了严重的冲击。埃菲社国际部主任路易斯·桑兹（Luis Sanz）认为，市场的流失和劳动力的老化是埃菲社数字化转型过程中遇到的障碍，并进一步思考如何克服困难："你在社交网络上可能是非常优秀的，但是如果你没有新闻嗅觉、爱好和发现新颖的渴望，并且你不知道如何讲故事，那么你就不会成为一名优秀的记者。""我们正在谈论格式，如何简化版本，如何使新闻更具吸引力，尤其是吸引年轻人。另外，我们正在考虑不同新闻主题的比例。"[1] 传统意义上，埃菲社将自己视为内容提供商，以批发商的身份将其服务出售给报纸、广播和电视机构。现在，借助网络媒体和社交平台，埃菲社也开始触及个体受众，这引发了他们对产品形态、服务方式的重新审视。

2009 年 10 月，埃菲社率先在体育新闻部门尝试打造多媒体集成服务，生产融媒体产品。体育新闻的记者和编辑用视频、文字、图片等多媒体格式报道体育赛事；编辑人员还尝试用蒙太奇手法处理比赛的照片和视频，图像从左到

---

[1]　Coto García-Bravo R. Funcionamiento interno de la Agencia EFE：hacia una agencia multimedia[D]. Universidadc Complutense De Madrid，2019.

右以及从上到下移动，从而营造出运动感。

此外，埃菲社通过社交平台推广多媒体产品。2010 年，埃菲社入驻推特后，先后开设了埃菲新闻（@EFEnoticias）、埃菲体育（@EFEdeportes）等账号面向社交媒体用户传递信息。截至 2020 年 10 月，埃菲新闻的累计发帖数量超过 24 万条，保持着每天 60 ~ 70 条新闻的更新量。随着机构整体战略向视觉传播和视频业务的转移，埃菲社也开始在视频社交媒体平台优兔投入更多的精力，开设了包括主账号埃菲社、埃菲巴西（EFE BRASIL）等地区性服务账号、埃菲英语（EFE in ENGLISH）等多语种服务账号在内的十余个视频服务账号。埃菲社还以贴近年轻人接受习惯的表达方式和呈现形式制作面向社交媒体的严肃新闻内容"埃菲报道"（ReportajesEFE），以期引起公众，特别是年轻人对社会问题的关注与思考。埃菲社制作的反映巴勒斯坦渔民家庭艰难生活状态的"加沙溺死"（Gaza Ahogada）、反映马尼拉平民窟真实生活现状的"马尼拉平民窟"（Slum Manila）等多媒体系列报道在推特平台上引发了广泛的讨论和转发，"EFE"这一机构标识在社交媒体平台和年轻群体中的知名度也迅速提升。

二、埃菲社产品体系及经营状况分析

目前，埃菲社面向全球用户提供的产品大致可分为新闻资讯类产品和服务类产品两个系列。

（一）资讯类产品

埃菲社的资讯类产品（见图 6-7）包括文字新闻、图片图表新闻、视频新闻、音频新闻、多媒体新闻以及报告。

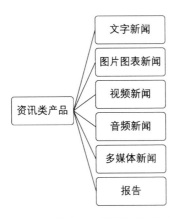

图 6-7　埃菲社资讯类产品体系

2018 年埃菲社净收入构成显示（见图 6-8），除公共服务补偿外，文字新闻是埃菲社的主要盈利来源。埃菲社旗下 3000 余名记者每年 365 天，每天 24 小时不间断地进行文字新闻产品生产。埃菲社的文字新闻内容主要涉及国际新闻、西班牙新闻、体育新闻和经济新闻 4 种新闻主题，包括西班牙语、葡萄牙

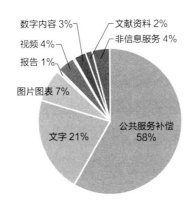

图 6-8　2018 年埃菲社营业额净额分配 ❶

语、英语、阿拉伯语、加利西亚语和加泰罗尼亚语 6 种语言。其中，西班牙语新闻内容的盈利能力最强，仍然是埃菲社的核心主业。2017 年、2018 年，西班牙语文字新闻的营业收入占文字产品营业收入的比重分别为 61% 和 63%。

图片图表新闻和视频新闻也是埃菲社主要的资讯类产品。其中，图片图表新闻主要分为 6 个大类：一是埃菲社为文字产品自制的配图；二是按重要性、主题、地区、关键性等标准划分的分类图片（用户可通过设定搜索条件检索最近 10 天内的分类图片）；三是应用于各种摄影展的图片；四是用于解释文本信息的平面图（见图 6-9）；五是收录的杂志图片；六是体育赛事的图片。此外，前文提到的埃菲社与欧洲新闻图片社合作推出的国际图形服务也是埃菲社资讯类产品的重要内容。

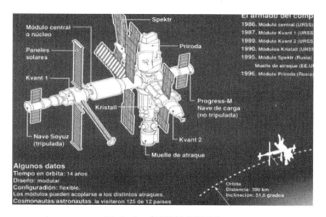

图 6-9　解释性平面图

多媒体新闻是埃菲社数字化转型过程中开发的创新性产品，是兼具文本、照片、音频、视频等多种格式的新闻。该业务的运营团队由掌握多媒体编辑技术的专业人员组成，根据信息流随时进行内容编辑制作，并根据网页、移动端、社交媒体等不同的终端和平台的特征进行差异化的发布。其中，埃菲社每月以"照片 + 简短文字解释"的形式进行大量的综合报道，并全部纳入 Efedata 平台，内容涉及健康、时尚、家庭、心理、环境、旅行、体育、文化、政治、经济等 30 多个主题。

（二）服务类产品

平台和服务类的几乎所有产品都是埃菲社在顺应互联网发展趋势，探索数字化发展路径过程中开发的新产品和新业务，共有 4 种类型：一是包括视听档案、声音文件、照片库和 Efedate 在内的数据库产品。视听档案数据库储存了西班牙重要的新闻节目，时长超过 1.5 万小时；声音文件数据库包含了语音剪辑、新闻通讯等不同格式在内的 24 万份数字化文件；照片库储存了 19 世纪后期以来的 400 多万张照片，是西班牙语世界最大的图形数据库；Efedate 是西班牙语新闻信息量最大的在线数据库，也是埃菲社数据库的代表性产品。二是包括门户网站和专题网站在内的网站平台产品。三是埃菲社基于自身在通讯领域的经验提供的有关网站建设、应用程序开发、信息内容集成等技术服务。四是针对党政机关、协会、公司、媒体等不同的客户提供包括特别报道、视频发布、信息剪辑、技术援助等内容在内的定制化服务。其中，最具代表性的平台和服务类产品是 Efedata 在线数据库、Efecom 门户网站和 Efeverde 专题网站（见图 6–10）。

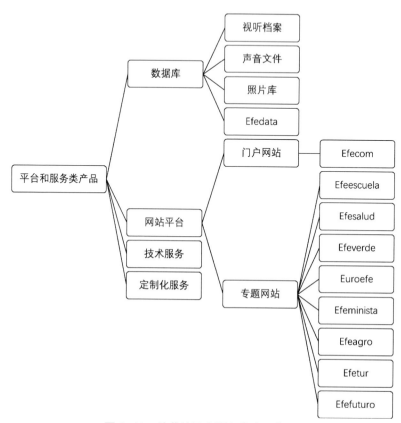

图 6–10　埃菲社平台服务类产品体系

1. Efedata 在线数据库

2016 年 6 月，埃菲社推出了面向互联网用户的在线内容自助购买服务。用户可通过 Efedata 平台（新网址为 efeservicios.com）获取埃菲社新闻资讯类产品的数字化内容，包括文本、视频、照片、音频、报告（见图 6–11）。

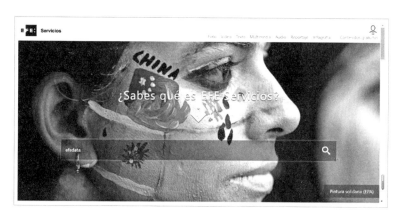

图 6-11　Efedata 主页面

Efedata 网站拥有强大的搜索功能，设置了近百个筛选条件，用户在该网站注册后可根据自己的需求设置搜索方式（按词、词组、句子搜索）、文件格式（文字、图片、视频）、专题（文化、政治、体育等）等以快速找到目标内容，通过信用卡或电子支付系统完成购买（Efedata 过滤与搜索界面如图 6-12、图 6-13 所示）。

图 6-12　Efedata 过滤条件设置页面

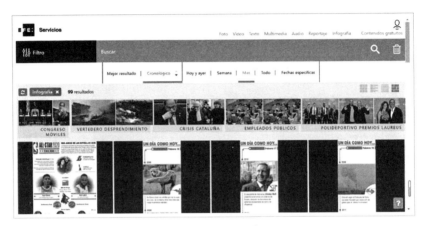

图 6-13　Efedata 搜索页面

2. Efecom 门户网站

Efecom 是埃菲社的综合信息网站，同时也是通讯社的官方门户网站（见图 6-14）。2019 年，埃菲社开始实施"EFE 360"计划，其中一项重要内容便是将部分专题网站整合到门户网站中。现在，埃菲社旗下所有的专题网站都可以在 Efecom 门户网站主页找到索引标签，但 Efefuturo（科学技术）、Efeestilo（时尚）、Efemoto（汽车）这 3 个专题网站被关闭，成为了 Efecom 门户网站的一般分类标签，而 Efeverde（环境）、Efesalud（健康）和 Efeminista（平等）这

图 6-14　Efecom 网站首页

3个专题网站被保留下来。经过整合后，Efecom 门户网站已经成为埃菲社最大的信息集成网站。

3. Efeverde 环境专题网站

在诸多专题网站中，Efeverde 对埃菲社具有极其重要的意义（见图 6–15）。Efeverde（efeverde.com）是埃菲社的环境新闻专题网站，内容涉及再生能源、生物多样性、循环经济、环境新闻、可持续发展等诸多与人类命运息息相关的领域，致力于保护全球环境，是第一个由年轻记者发起的环境领域的专业网站，也是埃菲社社会责任意识的重要体现，具有很高的社会价值和国际声誉。

图 6–15　Efeverde 网站首页

埃菲社的环境新闻记者与国家知名新闻机构有诸多合作关系，并与地中海通讯社的记者组成了近 20 人的环境新闻记者团队，专门关注地中海区域的环境问题。除报道新闻事实外，Efeverde 环境专题网站还为公司、政治人物、非政府组织、工会、科学家等群体和个人提供有关环境问题的发声平台，展示社会各界关于环境问题的看法。据统计，历经 Efeverde 环境专题网的 10 年发展，埃菲社的地方和区域环境新闻数量比 10 年前增加了 5 倍，国家和国际环境新闻比 10 年前增加了 2 倍。

除发布环境信息外，Efeverde 还致力于培养专业人才。Efeverde 通过 EFE 基金会和 EFE 实践学院与生物多样性基金会、IFAD、SIGRE、WWF、Ecoembes 和 Signus-Ecovalor 等机构合作，开展许多环境新闻实践培训计划；还在西班牙自然保护联盟委员会的伊比利亚气候项目的框架内为青年专业人员组织了环境新闻和气候变化课程等培训活动。

Efeverde 为全球环境事业做出的贡献得到了国际社会的广泛认可。2009 年，在 Efeverde 还没有正式组建之前，埃菲社因实施"环境新闻计划"获得了 VIA APIA 奖。埃菲社的环境新闻记者也获得了政府、企业、非政府组织颁发的"地球之友奖"和"自然环境全国代表奖"等诸多奖项。2011 年，BBVA 基金会授予 Efeverde "生物多样性保护奖"。此外，Efeverde 和 SEO Birdlife 在 Life Activa Red Natura 项目的框架下联合开展"Natura 2000 day"交流计划，该计划在 2015 年 5 月被授予"欧洲公民奖"。2018 年 5 月，Efeverde 获得了由欧盟委员会颁发的"Natura 2000 Awards"。Efeverde 在全球范围内赢得声誉的同时提升了埃菲社的知名度和影响力。

第三节　埃菲社数字化发展模式与未来规划

一、埃菲社数字化发展模式与创新探索

1. 抓住自身特色，找准自身定位，用西班牙语展现世界

埃菲社《公司章程》中写明，该机构的宗旨是"在西班牙乃至全世界，尤

其是使用西班牙语的地区，获取和传播西班牙语信息和国际信息"，目标是
"信息独立；传播并捍卫西班牙语；实现经济利益"。埃菲社国际部主任路易
斯·桑兹（Luis Sanz）表示"也许我们已经在计算事物的方式上实现了现代
化，但是我们的原则并没有改变——它将继续是一个说西班牙语的机构"。❶

　　随着全球化进程的加快，英语成为使用范围最广的语言，对其他国家的
语言安全和世界语言多样性形成冲击。埃菲社一直试图解决新闻报道中西班
牙语使用不规范的问题。2005 年，埃菲社成立"西班牙紧急基金会"（Fundéu
RAE），强调埃菲社作为公共媒体在对传播和捍卫西班牙语上的责任。基金会
成员由埃菲社工作人员和西班牙语言学家组成，主要工作内容是编写有关西
班牙语使用、传播情况的报告，涉及新闻媒体使用西班牙语出现的错误和面对
的困难，还出版一系列介绍西班牙语语法的相关书籍，以帮助新闻媒体在报道
中规范使用西班牙语。基金会还组织了新闻媒体中与西班牙语有关问题的研讨
会。埃菲社也启动了"练习西班牙语"项目，通过建设专题网站，供所有想要
学习西班牙语和提高西班牙语知识的人免费使用。

　　"用西班牙语展现世界"是埃菲社在国际市场上最核心的竞争力。在以英
语为主导的国际传播环境下，埃菲社通过电子邮件、电话、网站等渠道普及
西班牙语的相关知识，并在推特、脸书、照片墙、优兔等社交平台开设官方账
号，发布有关西班牙语的使用建议。埃菲社针对移动互联的趋势，开发了适用
于移动端的免费应用程序，提供西班牙语学习、使用的建议等信息。目前，埃
菲社是路透社、安莎社等多个国家世界性通讯社的"西班牙语新闻供应商"，
也是全球最大的西班牙语通讯社。

---

❶　Troitiño, José Manuel Rivas, et al. Estatuto de Redacción de la Agencia EFE, medio público
e internacional[J]. Estudios sobre el mensaje periodístico，2006（12）.

2. 整合资源，组建"EFE 360"部门，调整组织管理架构

2019 年年初开始实施的"EFE 360 计划"是埃菲社数字化转型过程中又一个重要的战略步骤。该计划不仅将埃菲社旗下的门户网站和专题网站进行整合，更重要的是对管理组织架构进行调整，重组信息部门（见图 6-16）。

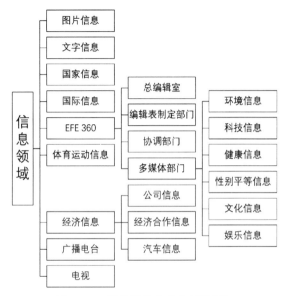

图 6-16　埃菲社信息生产部门框架

首先，埃菲社取消了原来专门负责生产多媒体内容的数字内容部门，在现有的图片信息、文字信息等每个信息生产部门都设立专门处理各种格式内容的多媒体生产岗位。总裁费尔南多·加里亚（Fernando Garea）表示："数字部门必须集成在通讯社各个部门内部。"因此，该举措将使得多媒体内容的生产更深入地内嵌到埃菲社的各个业务部门之中，在简化多媒体格式产品的生产流程的同时，使各部门高效率、独立地生产多媒体产品成为可能。

其次，埃菲社创建了"数字经济"工作项目，并将其纳入经济信息生产部

门，负责提供与电信和新技术有关的所有信息（该项目正在实施，所以未出现在图 6–16 中）。与此同时，Efeempresas（公司信息）、Efeemprende（经济合作）和 Efemotor（汽车信息）3 个专题子公司及其专题网站停止运营，旗下所有的经济活动被经济信息生产部门接管。埃菲社的经济信息服务资源、业务由此将进一步实现集中、整合。

最后，埃菲社设立"EFE 360"部门，内设有多媒体信息生产部门，负责制作环境、科技、健康、性别平等、文化、娱乐 6 大专题信息。该举措对应的是门户网站的整合，埃菲社将专题网站作为标签出现在门户网站首页中，形成健康、环境、农业、文化、市场、时尚、科技、旅游、体育等专题信息板块，方便用户在短时间内浏览到自己需要的内容。

3. 创新经营模式，积极展开合作，提升品牌知名度

埃菲社内部各部门之间会通过内部合作，研发和生产多样化的产品。同时，埃菲社也会与其他世界性通讯社、媒体、机构、行业组织等展开多样化的合作，建构起遍布全球的利益关联网络。

埃菲社内部合作最具代表性的是埃菲广播（EFE Radio）节目的制作。埃菲广播的许多节目都是在与其他部门合作中完成的。例如，每周播出一次、每期时长半小时的《手术刀》（El Bisturí）节目是在 Efesalud 健康信息平台的协助下完成的，《绿袖子》（Mangas Verdes）则是与 Efeverde 合作开发的环境信息节目。此外，EFE Radio 没有属于自己的 FM 频道，广播节目不能直接面向公众传播，而是需要交由合作的广播服务机构播出。只有在节目被商业使用过后，埃菲社才会将其放在 Ivoox 播客平台上供用户免费收听和下载。

埃菲社的外部合作主要围绕业务展开。2003 年，埃菲社与欧洲新闻图片社合作推出了国际图形服务，丰富了自己的图像数据库。2007 年，埃菲社与

印度的亚洲新闻社签署了互相交换信息的合作协议，提升了自身在亚洲的知名度。同年，埃菲社与加泰罗尼亚地方新闻协会和市政广播电台等机构合作，使得加泰罗尼亚的媒体能够获取埃菲社的信息产品。同样在 2007 年，埃菲社与 TVE 签署合作协议，创建 TVEFE 品牌，向西班牙电视台提供视频新闻服务。2008 年，埃菲社与道琼斯合作提供经济金融新闻服务。2019 年 7 月，埃菲社与安莎社签署交换信息服务的国际合作协议，并将在不同的国际市场上开展联合业务活动，以提高二者在欧洲的市场占有率。2019 年 11 月，埃菲社与路透社的路透连接签署合作协议，交换各自的数字内容。

同时，埃菲社在优兔等社交媒体平台运营的各类账号在为机构内容拓宽传播范围的同时，也使埃菲社得以尝试植入广告、缓冲广告等新的获益方式。

4. 履行公共服务义务，承担社会责任

埃菲社作为西班牙国有通讯社，承担着提供公共信息服务的职能，即"保障公民有效行使其获得真实、高质量和可靠信息的权利，而这些信息不受政治、经济或任何其他性质的特殊利益的约束"。❶ 与此同时，埃菲社致力于环境保护和维护社会公平，不仅在环境新闻领域获得广泛的国际认可，还为宣传性别平等做出了突出的贡献。

2011 年，埃菲社制定"平等计划"，在公司发布以下工作守则 ❷。

（1）埃菲社在开展活动时，应确保尊重男女平等原则，并在具体开展工作时权衡以下目标：

a. 适当反映妇女在社会生活各个领域的信息；

---

❶ Troitiño, José Manuel Rivas, et al. Estatuto de Redacción de la Agencia EFE, medio público e internacional[J]. Estudios sobre el mensaje periodístico, 2006（12）.

❷ 根据埃菲社发布的第 3/2007 号组织法整理。

b. 不使用带有性别歧视色彩的语言；

c. 与旨在促进男女平等和消除性别暴力的机构合作。

（2）埃菲社将为女性提供更多的管理岗位和职业岗位，同时与妇女协会和团体合作，以在委员会的范围内确定其需求、维护其利益。

2018 年，埃菲社又创办了 Efeminista 网站（见图 6-17），旨在为女性提供一个发声平台，促进社会性别平等的实现。该网站设有"我们的新闻""女性激发您的灵感""性别平等指南"3 大板块，其中，"我们的新闻"板块提供有关性别平等的文字、图片新闻，"女性激发灵感"板块提供杰出女性的演讲视频，"性别平等指南"板块整合了西班牙有关性别平等的法律法规和政策。

图 6-17　Efeminista 网站首页

埃菲社在公共服务和承担社会责任方面的举措对机构形象的树立发挥了重要作用。在环境新闻方面开展的一系列工作使得埃菲社从机构到产品，再到记者个人，都在欧洲及全球范围内多次获得环保类的奖项和荣誉。在性别平等方面做出的努力，使其获得了女性联合会（FEDEPE）颁发的"致力于妇女的沟通"奖项。

二、埃菲社发展战略与未来规划

埃菲社根据自身的定位以及信息市场的发展趋势，制定了一系列发展目标和发展规划。

（一）埃菲社的整体目标

埃菲社将自己的使命确立为保持领先的世界性新闻社的地位，增强在全球信息领域的影响力，并在数字化时代成为数字化媒体内容的主要供应者。为了更好地完成上述使命，埃菲社制定了以下 4 个具体目标。

（1）销售额增长——必须增加销售额，在保证传统产品优势的同时生产多媒体产品，增强对用户的关注，并寻求探索提供非信息服务的可能性。

（2）业务扩展——埃菲社目前的大部分业务集中在国内市场，有必要扩展到其他新兴市场；以视听/多媒体格式提供完整的国际服务并开发新的业务。

（3）创新经营——在全球范围内实施"产品差异化"战略，追求"卓越的运营"。

（4）提高盈利能力——这是基本目标，债务一直是埃菲社的心头之患。

（二）"EFE 2020"计划

2018 年 9 月，埃菲社发布"EFE 2020"计划，旨在提升机构的现代化水平，并为用户提供更加丰富的多媒体内容。主要规划的内容包括以下几方面。

（1）重新组建内容生产团队，尝试构建新的生产模式，以满足数字时代个体用户、党政机构、媒体机构和其他类型机构的信息需求。

（2）提高获取信息的能力，加快生产新闻的速度，提高内容产品的质量，以更好地满足客户的需求。

（3）提高以视频和新媒体格式（在电视和在线视频上）生产信息的能力。这将加强埃菲社内容和信息的竞争力。

（4）敢于创新，拓宽新闻内容的主题范围，生产多种格式、互动性强的多媒体产品。这对于使埃菲社保持在新闻社市场的领先地位至关重要。

（5）提高筹集资金的能力，生产高质量的产品，更好地履行公共服务职能。重点开发 SIEG（一般经济利益服务）和服务类产品，创新传统信息产品，提升服务的商业回报，寻找新的利润增长点。

（6）重新设计产品以提高性能、盈利能力和市场接受度，并针对不同地理区域的不同客户需求研发新产品。

（三）埃菲社发展规划

业务和市场层面，埃菲社重点关注提升国内市场的数字内容的销售额，以应对传统内容产品销售额下降带来的冲击。在国际市场，拉丁美洲大部分国家的经济发展态势较为良好，埃菲社在拉丁美洲媒体市场处于领先地位，但随着美联社、路透社等其他国际新闻机构对拉丁美洲市场的重视，埃菲社面临着越来越激烈的竞争；在亚洲市场，由于地理位置和语言习惯的影响，埃菲社的品牌知名度十分有限；在北美洲市场，由于机构属性原因，埃菲社受美国商业政策的影响很大，市场占有率和竞争力尚待提高。因此，埃菲社计划根据自身在不同地理区域市场所处的位置和优劣势开展差异化的市场拓展活动，主要包括保持在拉丁美洲的市场地位，增强在北美洲的竞争力，提升在亚洲的品牌知名度。

人才培养层面，员工老龄化是埃菲社数字化转型过程中面临的另一个问题。目前，埃菲社员工的平均年龄是46.32岁[1]，新技术接受能力和创新能力较为有限，难以适应移动化、视频化、数字化的媒体发展趋势。同时，由于年轻员工的数量有限，机构难以及时掌握年轻用户的需求，也给内容和产品的年轻化升级带来了困难。因此，如何组建一支兼具创造性和专业性的员工团队为机构注入活力是埃菲社在数字化转型的下一阶段亟须解决的问题。

在经营层面，埃菲社近几年的财务数据显示，其最终结算均为负债，因此提高市场获利能力，在实现收支平衡的基础上逐步实现机构盈利，保证自身的可持续发展是埃菲社未来发展的主要目标。值得注意的是，尽管西班牙政府并不直接持有埃菲社的股份，但来自西班牙政府的公共服务补贴仍然占据机构收入的一半，这也意味着公共服务功能仍然是埃菲社的责任之一。从长期来看，如何充分运用数字化技术提高国内公共服务水平和增加商业性产品业务的收入，如何协调好国际业务拓展与国内业务发展之间的关系，如何在西班牙语服务和多语种服务之间、传统信息批发服务与新媒体服务、平台服务之间形成协同效应，如何通过提高经济独立性提升国际新闻市场的专业性、独立性机构形象，都是埃菲社需要解决的问题。

埃菲社数字化发展大事记

1988年，埃菲社数据服务启动；

1989年，埃菲社开始通过通信卫星将其信息服务直接分发给客户；

1991年，埃菲社开始 TELETEXTO 广播；

1994年，埃菲社创建 EUROEFE 网站，旨在了解欧盟的活动；

---

[1]　Agencia EFE [EB/OL]. (2019-12-31) [2020-07-10]. https://www.agenciaefe.es/cuentas-anuales/.

1995 年，埃菲社在格拉纳达开设了阿拉伯语信息服务；

1998 年，数字摄影档案服务 FOTOTECA 正式上线；

2001 年，埃菲社推出葡萄牙语服务；

2001 年，西班牙国有工业公司成为埃菲社唯一股东；

2002 年，埃菲社在迈阿密创建了编辑中心，以促进信息内容适应美国市场；

2003 年，埃菲社与 EPA 合作推出了国际图形服务；

2005 年，埃菲社成立西班牙紧急基金会；

2005 年，埃菲社中美洲服务集成到 EFE 中；

2006 年，埃菲社更改机构标识；

2007 年，埃菲社与西班牙电视台合作提供视听服务；

2008 年，埃菲社与道琼斯合作提供经济金融新闻服务；

2010 年，埃菲社创建 efeverde.com 环境专题网站；

2011 年，埃菲社出版第一版面向多媒体新闻的西班牙语使用手册；

2013 年，埃菲社创建 Efeescuela.es、Efefuturo.com、Efemotor.com、Efeestilo.com、Efeemprende.com、Efedoc Analysis 和 Efeempresas.com 等专题网站；

2014 年，埃菲社总部迁到布尔戈斯大道；

2016 年，埃菲社创建免费西班牙语学习网站 Practicodeporte.com；

2017 年，欧洲四大新闻专线已与 EFE、EPA 和其他 10 个欧洲新闻社一起投入使用；

2017 年，埃菲社创建博物馆展览网站 museo.efe.com；

2017 年，埃菲社亚洲英语 EFE-EPA 多媒体服务开始运营；

2018 年，埃菲社创建 Efeminista.com 性别平等专题网站；

2019 年，埃菲社启动 "EFE 360" 计划；

2019 年，埃菲社与安莎社签署交换信息服务的国际合作协议；

2019 年，埃菲社加入新闻验证项目"检查"，与 16 家西班牙媒体机构组一起抵制错误信息；

2019 年，埃菲社与路透社的路透连接签署合作协议。

第七章　道琼斯通讯社数字化转型发展研究

第一节　道琼斯通讯社概况与数字化发展历程

一、道琼斯通讯社简介与现状

道琼斯通讯社（见图 7-1）不同于美联社、路透社等综合性通讯社，是专业偏向性更强的、私营性质的通讯社，广告及产品盈利是其主要收入来源。道琼斯通讯社提供的信息及服务集中于金融专业领域，是世界知名的财经新闻供应商，隶属于道琼斯公司。道琼斯作为全球最大的金融传媒机构之一，拥有130 多年的历史，于 2007 年被新闻集团收购❶。1882 年以来，道琼斯公司在信息供应层面不断进行改革与创新，从起初一家默默无闻的华尔街地下工作室发

---

❶ VOA Chinese. Dow Jones Newswires [EB/OL].（2007-05-03）[2020-9-21]. https：//www.
voachinese.com/a/a-21-w2007-05-03-voa64-57919107/1062124.html

展为如今世界范围内的新闻集团，开展了报纸、杂志、通讯社、电台、电视台和互联网等多项业务，在全球拥有数千名记者，旗下知名品牌包括《华尔街日报》、道琼斯通讯社、《巴伦周刊》（*Barron's*）、《市场观察》（*Market Watch*）和《金融新闻》（*Financial News*）等（见图 7-2）。

图 7-1 道琼斯通讯社标识

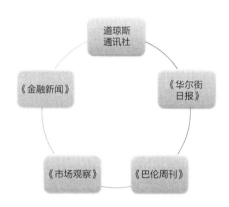

图 7-2 道琼斯公司旗下主要品牌

道琼斯公司对旗下品牌采取集中管理模式。20 世纪 90 年代，为应对美国报业集团改革及金融危机的双重冲击，道琼斯公司对其管理结构进行重组，将道琼斯通讯社和《华尔街日报》的编辑团队进行了整合，建立起专为数字时代打造的新闻编辑部。目前，马特·默里（Matt Murray）作为《华尔街日报》和道琼斯通讯社的主编（见图 7-3），负责全球新闻收集和编辑业务。

图 7-3　道琼斯通讯社主编马特·默里（Matt Murray）

道琼斯通讯社始建于 1882 年，以卓越、诚信和创新为企业原则，在 55 个国家设有 90 个分社，旗下拥有近 2000 名记者组成的全球报道网络，为世界范围内用户提供精确、广泛且即时的信息服务，内容涵盖世界各地所有资产类别、重点领域和市场的独家内容。

作为在全球市场中居于领先地位的财经新闻供应商，道琼斯通讯社每天面向全球 66 个国家的 43.5 万金融专业人士提供实时新闻、市场评论以及深度分析报道，日均生产新闻 1.9 万条。考虑到用户的语言背景的多元性，道琼斯通讯社每日报道皆以英语、中文、法语、德语等 10 余种语言发布。在财经信息市场，道琼斯通讯社在信息来源、编辑团队以及信息服务等层面都具有较为突出的优势。信息采集方面，道琼斯通讯社并非独自为战，包括《华尔街日报》《巴伦周刊》《市场观察》在内的道琼斯公司旗下所有媒体平台皆是道琼斯通讯社的信息源，此举改变了通讯社信息采集结构的单一性，扩大了信息来源的范围；编辑团队层面，道琼斯通讯社不仅自己拥有多语种专业化的编辑团队，还与集团其他财经媒体的编辑进行合作，在提高内容专业性的同时确保信息产品与服务对象需求的准确契合；信息服务方面，针对专业财经人士的需求，道琼斯通讯社提供全天候信息服务，服务内容涵盖外汇、债券、股票、能源及商品期货 5 大金融领域，主要提供实时财经报道和市场评论，订阅用户超过 31 万。为增强用户黏性，提升用户体验，道琼斯通讯社允许用户除通过道琼斯的直销产品获取内容之外，亦可以从公司内部联网、经纪网站、交易和分析软件以及第三方应用程序获取道琼斯通讯社的新闻内容。

二、道琼斯通讯社融合发展进程

早在互联网诞生之前，道琼斯便已开始对新闻进行数字化存储及编码。数字化浪潮兴起以后，道琼斯通讯社作为道琼斯集团品牌旗舰的核心组成部分，与《华尔街日报》等其他集团内品牌在数字化探索方面展开合作，并与整个集团的数字化发展规划和步调保持一致。具体来看，道琼斯通讯社数字化发展进程可分为 3 个阶段。

（一）奠基阶段（20 世纪中后期）：打入海外市场、向电子出版过渡

创新与全球化是道琼斯通讯社 20 世纪发展的主基调。1967 年，道琼斯通讯社开始进军国际市场，派遣机构记者驻扎于欧洲、亚洲、拉丁美洲、澳大利亚和非洲的各个主要金融中心，致力于收集世界范围内一手金融信息，把握全球市场的实时动态。

在开拓海外市场的同时，道琼斯通讯社不断完善国内金融市场信息来源结构，通过引入计算机等先进技术提高服务能力，进一步拓展业务覆盖范围。在私人计算机面世之前，1971 年，道琼斯通讯社与 Bunker Ramo 合资打造了新闻及信息的电子化储存，开启了在线新闻时代，该项业务正是道琼斯数据库 Factiva 的雏形。20 世纪 80 年代后期，受金融业动荡影响，道琼斯旗下报纸广

告收入连续 19 个月呈下降态势；1989 年第一季度，商业出版物的营业收入下降了 33%，社区报纸链的利润下降了 13%。市场愈发偏向用户黏性高、收发速度快的电子新闻传递，电子出版取代传统报纸成为道琼斯的主要增长部门❶。

20 世纪 90 年代初期，道琼斯公司向电子出版业务过渡，基于新闻服务产品的多样性和对 Telerate 的收购，道琼斯公司将自己定位于服务全球金融市场，为实现道琼斯开拓全球化服务的发展目标，开始建立跨文化数据库。在此阶段，道琼斯通讯社不断对检索及新闻服务进行创新。信息检索层面，道琼斯通讯社采用集团开发的在线搜索技术，将信息通过系统自动传递给订阅用户，并且按照用户访问期限内检索的次数对新闻或信息内容进行排名及加权，使得道琼斯通讯社在线数据获取的便利性上远超同时期同类型的竞品，优先占有了彼时数据市场的高份额。新闻服务层面，为满足不同类型用户的多元需求，道琼斯通讯社推出了多终端新闻服务产品。其中，1990 年面世的 DowVision 是以门户网站为平台的自定义新闻服务产品，DowVision 通过对多来源的新闻进行整合发布，确保了用户获取新闻的多样性与新闻来源的多元化。DowPhone 是以电话为终端的新闻信息服务，面向订阅用户提供股票报价、新闻报道和投资分析等服务。JournalPhone 是安装 DowPhone 的衍生产品，主要为用户提供查询内容的更新动态。道琼斯通讯社的语音信息网络是以卫星传送系统为中介的定制新闻服务产品，可为约 75 个语音服务供应商提供定制的新闻和信息。

20 世纪 90 年代中后期，为应对纸质报刊增长的停滞并进一步打开全球市场，道琼斯在此阶段持续向电子出版过渡，并不断加强对外合作。1994 年，道琼斯与《美国城市商业期刊》(*American City Business Journals*) 合作推出了小型企业月刊 BIZ（1995 年停刊）；1996 年推出《华尔街日报》互联网版本，

---

❶ International Directory of Company Histories[M]. St. James：St. James Press，2002.

到 1997 年年初已有 70000 订户，成为互联网最大规模的付费出版物；1996 年，与国际电话电报公司合作收购纽约电视台；1997 年 1 月，收购完成后的纽约电视台重新命名为"WBIS+"，成为商业与体育相结合的新渠道；1998 年 12 月，WBIS+ 与 NBC 建立合作伙伴关系，旨在合并两家公司在欧洲和亚洲的电视新闻服务，削减运营和发行成本并支持各自的全球业务。根据协议，NBC 旗下的美国财经有线电视新闻频道 CNBC 获得道琼斯新闻信息的播出权。此举同时也扩大了道琼斯新闻信息在美国的播出渠道和覆盖范围。同年，道琼斯推出道琼斯网站，以此为入口和枢纽，用户可访问道琼斯通讯社的全部内容。道琼斯通讯社的资讯服务、数据库等业务的升级内嵌于道琼斯集团一系列的升级、合作、收购举措之中，也因此得到了业务领域、分发渠道等一系列拓展。

（二）融合阶段（2000—2010 年）：开辟多语种服务、加快全球化与数字化进程

这一时期，道琼斯在电子出版的基础上正式开启了全面数字化转型。2000 年，道琼斯通讯社在美国内推出 DJ Market Talk 服务，该服务提供有关北美股票及相关市场的实时市场评论，抢先在正式新闻发布之前提醒用户关注最新消息。次年，道琼斯通讯社推出了增强版 dowjonesnews.com（见图 7-4），新版网站在内容、搜索工具、网点和服务器层面皆做出升级调整。2002 年 11 月，道琼斯通讯社与金融信息提供商华尔街信源（Wall Street Source）合作，推出专为其他企业定制财务决策方案的网络信息平台 OneStop Pro，该平台通过聘请专业分析师及基金从业人员，根据客户的个性化需求对市场内的海量信息进行精确筛选，以帮助客户制定专属财务方案，提升客户决策效率与精确率，避免客户在决策过程中接受信息过载。2006 年，道琼斯通讯社推出移动服务，订阅用户可通过移动客户端对道琼斯全部内容进行个性化搜索。

图 7-4　道琼斯新闻网登录界面

21 世纪初，资讯服务数据库业务雏形初现，并向着专业化的方向进一步发展。这一阶段，面向金融行业的财经数据和数据库服务逐渐分离出来，成为一个相对独立的垂直性信息服务领域，甚至成为金融体系的基础设施构成部分，与全球金融系统的运行和金融业的日常决策紧密关联在一起。

为深度开发通讯社信息的数字价值，道琼斯通讯社在此前信息检索与新闻服务产品的资源积累的基础之上，于 2006 年通过收购、整合，正式推出了具有代表性的新闻资讯数据库产品 Factiva，真正意义上实现了道琼斯各旗舰品牌信息内容的整合，并引入数据挖掘、可视化等技术对信息的衍生价值进行再开发。Factiva 不仅保持着庞大的每日信息更新量，还为用户提供关系探索、趋势预测等信息增值服务，打造道琼斯信息的数字价值链条。

2007 年，道琼斯被全球化的媒体公司新闻集团收购。伴随着新闻集团全球扩张的步伐，道琼斯公司和道琼斯通讯社逐渐与不同国家、传媒产业的不同领域发生业务交流，服务内容、业务形态、产品形式更加丰富。例如，2008 年，随着资讯产品的用户规模扩大，道琼斯在增加付费内容的同时，还推出了包括西班牙语、荷兰语和阿拉伯语等新的语言产品。2010 年，道琼斯新增韩国语言服务，旨在为金融机构和外汇交易门户网站提供外汇（FX）新闻，这是道琼斯提供的第一项韩国语言服务，使道琼斯通讯社发布的本地语言服务数量增加到 11 种。

（三）重新定位阶段（2011 年至今）：技术驱动下的新闻转型、架构重组打造智能云存储

随着人工智能、数据挖掘技术的引入，信息产业的生产逻辑和价值体系再次经历重构。在此背景下，探索新闻资源和技术的深度结合，及以此为基础的机构运行模式和价值体系的重塑，成为道琼斯通讯社新一阶段改革创新的主要内容。道琼斯希望利用其规模、社论和技术为特定受众提供高价值的新闻和数据。

2011 年，道琼斯公司将道琼斯通讯社和《华尔街日报》的全球社论资源与金融市场部门的先进技术相结合，为外汇市场参与者提供新型信息产品，DJ FX Trader 这项新型实时信息服务由此诞生。作为信息应用程序的 DJ FX Trader 由道琼斯通讯社资深编辑担任外汇新闻团队负责人，以道琼斯通讯社的信息获取、生产、分发能力为依托，同时还吸纳了道琼斯公司旗下研究团队基于对金融、外汇市场分析研判的深度报告，从而能够在为客户提供实时动态数据的同时，提供独家新闻、数据统计、事实分析、趋势研判等全方位的信息服务。

2015 年，新闻集团对道琼斯新闻出版部门进行重组，通过对包括道琼斯通讯社、《华尔街日报》在内的新闻机构的裁员和传统新闻岗位的精简，集中构建数字新闻运营团队。在此次重组过程中，道琼斯将道琼斯通讯社、《华尔街日报》新闻编辑部门进行整合，打造成新的数字化新闻编辑室，增加了数十个数字新闻的专门职位，涉及社交媒体、读者数据分析等，从硬件配置到岗位设置都转向数字媒体业务。同时，此次部门重组过程中还设置了新闻主编这一职位，统筹管理道琼斯通讯社与《华尔街日报》新闻出版业务，促进组织内部

真正实现信息互动、技术公用和管理集成。

　　道琼斯通讯社也通过技术研发及对外合作构建数据存储云端，开启智能云存储时代。2020 年 7 月 6 日，道琼斯与 AWS（Amazon Web Services）合作，将道琼斯通讯社 5 年内的英语新闻存档全部放在 AWS Data Exchange 的云端，AWS 用户可以直接访问或购买道琼斯通讯社的信息及分析内容。道琼斯通讯社通过此项合作开拓了基于第三方云端服务的数据储存与流通的形式，为用户基于云平台、借助第三方工具对道琼斯通讯社的信息和数据进行分析、建模奠定了基础。

第二节　道琼斯通讯社数字化转型路径与代表性产品分析

一、道琼斯通讯社数字化转型路径分析

　　面对数字化带来的生存环境和行业运作模式变革，道琼斯通讯社从市场定位、组织架构、产品及经营等层面入手，探索出了独具特色的转型路径，成为垂直类通讯社融合转型的代表性案例。

　　（一）开拓多语种服务，实现从信息供应商到"信息 + 服务"平台角色转化

　　与综合性通讯社按照重点市场和重点区域建设海外分支机构的方式不同的是，道琼斯通讯社作为财经类通讯社，是以全球金融中心的分布及金融市场的

区域划分作为分支机构选址的主要依据。20 世纪 70 年代，道琼斯通讯社就以英语市场为原点，以伦敦、巴黎、法兰克福、中国香港、新加坡、东京、悉尼等重要的国际金融中心所在地为首批驻外机构的设立地点。随着金砖国家和非洲国家的崛起，道琼斯通讯社又进一步在上海、圣保罗、约翰内斯堡等新兴金融中心建立分支机构或派遣机构记者驻扎于欧洲、亚洲、拉丁美洲、大洋洲和非洲的各个主要金融中心，以实现全球金融信息的实时采集、聚合和回传。

在全球进行分支机构建设的同时，道琼斯通讯社也将业务拓展到全球市场。道琼斯通讯社并未止步于采集多语种信息完成以英语为主要服务语言的产品发布，而是进一步开拓多语种服务。2008 年，西班牙语、荷兰语和阿拉伯语等新本地语言产品正式推出。至今，道琼斯通讯社已能够提供英语、中文、法语、德语、西班牙语、荷兰语等多语种发布渠道与相应语种服务产品。因此，从某种程度上说，道琼斯的全球信息采集网络的建设与其全球信息服务体系的建设几乎同步而行。

在媒介融合、产业融合的背景下，财经及其相关的产业领域也出现了不同程度的融合、交汇。受此影响，财经类客户对信息服务的需求程度和专业化要求程度也随之提高，原本根据 5 个主要领域提供信息服务的方式已经不能满足客户对交叉领域的行业分析、趋势判断的需求，个性化的产品需求日益凸显。在此背景下，道琼斯通讯社借力媒介技术变革引入元数据、交互式程序与算法等技术，基于信息类资讯产品内容结合用户导向需求不断推出定制化服务产品。例如，面向高净值客户提供专属财富管理产品，面向专业财经从业人士提供市场分析与走势预测等个性化服务。道琼斯通讯社通过此种深度融合内容与技术的手段完成了自身从"信息批发商"到"信息批发兼零售服务商"，再到"精品信息定制服务商"的角色转变。在此过程中，道琼斯通讯社的结构功能也由单纯获取信息的网站延伸为多种功能集成的信息平台，并对财经、金融等行业的信息使用方式产生了重要影响。

（二）适应数字化生产模式调整组织架构，整合生产部门打造数字编辑团队

2010 年，并入新闻集团以后的道琼斯公司将消费部门与企业媒体部门合并，《华尔街日报》、道琼斯通讯社、《巴伦周刊》、Factiva 和《市场观察》等道琼斯旗下主要品牌被并入同一部门，实现了部门功能的集成与管理的减负。

道琼斯还通过将道琼斯通讯社和《华尔街日报》的新闻编辑室进行整合，削减冗余职能部门，实现优势生产力的集中。在调整内部组织架构层面，道琼斯通讯社一方面对传统新闻采编部门人员进行相应裁减，吸纳具备数字化思维和数字内容生产能力的全媒体人才；另一方面，打造专门的数字编辑团队，设立总编辑办公室对数字编辑部门进行集中调控。道琼斯通讯社还进一步将数字产品与用户体验列为新闻编辑室生产环节的核心要素，以加快其数字化发展。职能岗位层面，道琼斯通讯社对音视频团队进行了升级，并在新闻编辑室中增设了设计负责人、内容体验工程团队、策略编辑等新职位，新结构下的团队参与到每个报道领域之中，与编辑及记者密切合作制作数字化产品并提升产品的用户体验感。

（三）打造道琼斯品牌矩阵，加强内部融合与外部合作

内部同频共振、外部积极联动是道琼斯通讯社在数字化转型过程中区别于其他通讯社较为突出的一条特色路径。道琼斯公司在部署其数字化转型战略时，将旗下所有知名媒体品牌集成，建设品牌旗舰，实现社、报、网联动发展，并根据各品牌相对优势对品牌矩阵内的所有资源进行调控分配，确保整体内部资源开发与利用率最大化。

首先，在信息流动层面，品牌旗舰内实行资源共享，道琼斯通讯社与其他品牌共享各自所有的原始资讯与衍生新闻；其次，在数字化新闻生产层面，道琼斯实行合而不融，道琼斯通讯社与其他品牌在内容生产上协同合作，但在具体报道呈现形式上采取以媒介特色为导向的差异化报道。通讯社内容呈现形式以图文为主，但重在资讯的即时更新与发布。报纸时效性相对较低，内容呈现上更为全面、深刻，专业化程度较高。新媒体平台内容呈现方式较为多元，可包括图文、音视频等多种产品形态。在数字化转型与融合发展中，道琼斯整合内部资源实现各品牌发展的同频共振，同时又遵循不同业务逻辑，在一定程度上保留业务边界，在融合发展之中进一步将各品牌业务做深、做精。

　　道琼斯通讯社在数字化转型过程中也积极寻求外部合作，拓宽自身信息发布渠道与升级产品数字化形态。道琼斯数字化转型伊始便通过与科技公司Bunker-Ramo进行合作，开发了电子新闻通讯，为Factiva的成立奠定了基础。打造在线数据库使其成为重要的媒介传播形态也是道琼斯通讯社数字化转型中作为财经信息服务商与媒体走向融合的根本逻辑。

　　为进一步拓展自身信息渠道，道琼斯通讯社与路透社共同组建交互式商业公司，以20多种语言为用户提供来自《华尔街日报》、道琼斯通讯社、路透社新闻网等权威信息源的财经资讯。虽然最终与路透社结束合作致使道琼斯通讯社遭受短期冲击，但这项合作对道琼斯通讯社用户范围扩大、品牌影响力提升及境外市场经验积累等方面起到了积极作用。此后，道琼斯通讯社相继与《金融顾问》杂志、《宪章》金融发行网络（CFPN）等机构不断合作推出新平台，将其产品范围扩展到传统发行渠道并扩大其在世界范围内的影响力。2019年7月，道琼斯与彭博社达成多年期合作协议，包括道琼斯通讯社、《华尔街日报》等旗下媒体品牌的资讯将通过彭博社的分发体系，到达彭博社30余万用户。这也是两家业务相近的大型通讯社首次展开的大规模合作尝试。

（四）技术驱动下升级个性化服务，面向细分受众深挖用户需求提供垂直化内容

数字化时代，道琼斯通讯社通过引入元数据索引、大数据算法与分析自动生成等技术，开发出更加个性化、垂直化、智慧化的信息服务产品。道琼斯通讯社的产品升级转型路径大致为 3 个阶段。

第一阶段是以服务生产者为主的资讯产品供给。通讯社数字化转型初期，财经信息需求仍集中于财经资讯的数字化传输与保存，侧重信息时效性的提升，服务主体仍为财经新闻媒体的出品方。财经资讯类网站和在线数据库是这一时期道琼斯通讯社数字化产品的主要代表。

第二阶段是以服务消费者为主的"资讯＋分析及评论"产品供给。这一阶段，互联网、移动互联网的发展为通讯社提供了直接接触个人用户的机会。道琼斯通讯社通过用户研究发现，由于信息处理能力差异，个人用户与专业机构用户不同的是，对信息量的需求相对较小，而对分析、评论的需求则更加突出。因此，在面向个人用户的产品中，道琼斯专门增设了"专家分析与评论"这一模块，以实现对个人用户需求的匹配。

第三阶段是以服务投资者为主的"资讯＋深度分析及评论＋个性化分析工具服务"产品供给。投资者与前两类用户最大的差异在于"专业度"。他们不仅需要大量资讯提供信息、专业评论提供思路，更需要专业的数据库和分析工具满足深度分析、预警、研判等方面的需求，即数字化财经信息解决方案。针对这类用户需求，道琼斯通讯社提供包含风险和合规性数据解决方案、Factiva、信息服务、私募股权分析、风险资本数据库服务、破产和债务分析服务以及即时新闻服务在内的多元服务产品，形成具有无限扩展性的"信息＋工具＋平台＋服务"产品体系。

在为财经领域用户服务的过程中，道琼斯通讯社还通过对财经信息需求相关数据的深度挖掘，分析和把握全球不同地区、不同经济领域业务、服务、竞争力、核心主体的迭代变迁，其研究报告成为企业和机构决策的重要参考。道琼斯也由此将"信息服务""工具服务"的功能进一步提升至"知识服务"的层面。

二、道琼斯通讯社产品体系及经营状况分析

财经类信息及数据资料具有累积增值的特性。受财经信息及数据资料该特性驱动，道琼斯通讯社建构了由三类核心资讯类产品与其相关衍生服务产品构成产品体系（见图7-5）。其中，市场动向新闻（Market-moving News）、扩展数据（Extensive Data）、专家见解（Expert Analysis）是道琼斯通讯社产品体系的三大基础类产品，包含文本、图片、音讯、音视频及数据等多种格式，优势在于对市场动向的实时追踪与反馈、类目广泛、来源精确，并能实现专业化、定制化。在此基础上，道琼斯通讯社通过与道琼斯公司内部资源的协同，开发了一系列市场决策类和投资策略类衍生服务和工具产品，以期实现资源价值和用户价值的深度开发。其中，Factiva、"道琼斯新闻+"（Dow Jones Newsplus）、道琼斯 Text Feed & Archive 与道琼斯财富管理是道琼斯整体产品体系中最具代表性的衍生服务产品。

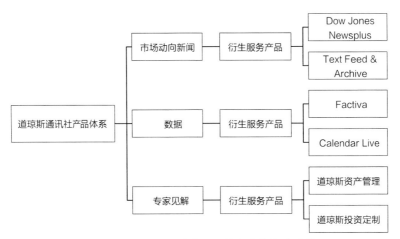

图 7–5　道琼斯通讯社资讯及其衍生服务产品体系

1.Factiva

Factiva 是道琼斯公司信息查询系统和路透集团商业信息简报合资，于 1999 年成立的网上商业数据库，其初始资料库便已包括道琼斯通讯社、路透社、《华尔街日报》以及遍布全球的 9000 多种商业信息来源。2006 年，道琼斯正式收购 Factiva，将道琼斯通讯社的历史文字、图片、音视频、多语种新闻、市场调查、投资分析和股票报价等信息资料全部导入 Factiva，使之成为全球最大的商业资讯数据库。2011 年，面对移动互联网的快速发展，Factiva 推出包含自动翻译功能的 ipad 的移动应用程序。移动应用增加了集成大数据、可视化等多项前沿技术的"快照"功能，能够自动生成通过包含时间轴、热度图、分析图表等内容在内的综合性视图，呈现用户希望了解的特定行业、公司、区域或话题的定制信息及事件（见图 7–6）。

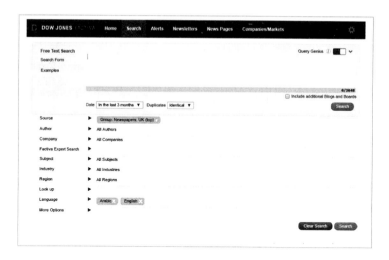

图 7-6　Factiva 产品操作图示

目前，Factiva 订阅用户超过 160 万，全球 500 强企业中有超过 78% 的企业使用 Factiva 的服务，其涵盖内容也早已突破商业信息的范畴，包括超过 30 年时间内的、来自 200 个国家和地区的 33000 个来源、涉及 28 种语言的新闻内容，平均每日新增文章数量超过 140 万篇。通过辅以多标准、多模态的信息检索与分析工具，Factiva 还能为用户提供语义分析、情感判断、关系发现、趋势预测及分析结果的可视化呈现等多形态信息服务产品，成为专业金融分析人士、品牌机构甚至是高校和科研机构获取信息、分析市场动态、提供参考决策、开展理论研究的必要辅助。从 2019 年开始，Factiva 更加注重在数据库中加入高质量的研究报告，如来自大学或研究中心的理论研究报告、来自领先的商业咨询公司的调研报告、来自欧洲日本评级机构的信用评级报告等。

Factiva 自推出以后，不断引进新兴技术创新服务流程以提升用户的使用体验感与便捷性。2019 年，Factiva 启动新项目 Factiva 实验室（Factiva Labs），尝试通过将交互式 beta 程序植入系统中，以更好地适配数据库新用户、专业用户的不同需求，并帮助他们更好地发掘数据库的价值。例如，该程序为用户提供"推荐新闻"和"趋势新闻"两种可选择的信息筛选逻辑，前者基于浏览历史和设置的兴趣偏好进行个性化的新闻推荐，后者基于新闻热度、舆论走势、事件进展等推荐全球权威信息来源提供的重要新闻和公众关注度高的热点新闻。道琼斯通讯社希望通过这一设置，在满足用户个性化信息需求的同时避免重要信息或新闻的遗漏。

2. 道琼斯新闻 +

"道琼斯新闻 +"是道琼斯通讯社金融信息服务产品之一，是面向客户提供实时财经信息的服务平台（见图 7-7）。在技术层面上，道琼斯新闻 + 提供可自定义的实时新闻仪表板，旨在帮助客户直接且简便地导航至当天的头条新闻、市场概况以及自行搜索感兴趣的内容，易于操作；内容层面，道琼斯新闻 + 平台上提供的数据、新闻等信息皆来自道琼斯公司旗下各媒体品牌，包括道琼斯通讯社、《华尔街日报》《巴伦周刊》和《市场观察》等，信源可信度高；在时效层面，道琼斯新闻 + 还提供跟进服务，实时追踪市场动态，对热点事件进行过滤并纳入其追踪过程，为用户发送紧急通知，帮助客户即时发现市场动态。

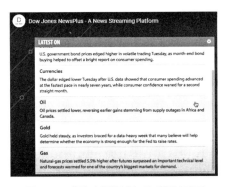

图 7-7　"道琼斯新闻 +"操作页面

由于行业运行的特殊性，用户对金融信息的准确性、时效性和易得性的要求要远高于一般社会新闻。因此，道琼斯新闻 + 在进行平台设计时，不仅强调信息资源的全面、独家、准确，还十分注重操作界面、响应速度和呈现方式的设计，力求让用户能够通过最明晰的导航设计、最简单的操作步骤获得最匹配的信息，从而提高用户的信息使用的效率。

3. 道琼斯 Text Feed & Archive

道琼斯 Text Feed & Archive 是基于数据及新闻研发的机器可读新闻集，专为定量策略而设计，可随时纳入算法交易、资产分配和市场风险模型的使用中。用户通过机器可读的新闻和海量数据集发现市场信号并优化其交易和投资策略。内容来源上，Text Feed & Archive 利用道琼斯所涵盖的全部新闻和数据语料库来生成对市场和证券的描述性、说明性和预测性见解；技术手段上，Text Feed & Archive 使用结构化的元数据和编码，可对 35 年内道琼斯通讯社全部存档的新闻进行自动化分析，并通过 Multicast 这一功能实现快速分发。此外，用户可以在 Equinix 数据中心设置"仅浏览标题"选项，借此用户可直接在同一页面内浏览多个高度凝练新闻内容的标题，以减少发现重要信息的耗时。2020 年，道琼斯通讯社被评为最佳机器可读新闻供应商。

4. 道琼斯资产管理

为进一步开发高净值客户市场，道琼斯通讯社基于专业且深刻的数据分析及趋势预测开发出较为成熟的个性化资产管理服务。依托道琼斯和 Factiva 所拥有的全球新闻数据库、定制化研究工具以及低延迟交付技术，道琼斯资产管理服务可以为客户准确提供需求内投资机会，并为客户计算出投资组合风险。具体来说，道琼斯资产管理服务将元数据、新闻数据档案库和交付选项集成于其项目综合管理应用程序中，通过提供实时新闻源与全球数据库中的专家可行性见解，为客户识别行业趋势、风险和机遇。道琼斯资产管理服务的产品优势在于其依托全球新闻数据库、智能化分析技术、专业程度高的独家见解实现的领先于行业的高时效性与分析精确性。

第三节　道琼斯通讯社数字化发展模式与未来规划

一、道琼斯通讯社数字化发展模式与创新探索

在过去数十年的数字化探索转型过程中，道琼斯通讯社将数字技术和数字化理念引入机构内部，在产品研发、生产流程、平台运营等多方面开展改革与创新尝试。

（一）产品数字化：技术驱动下的产品形式创新

道琼斯通讯社进行数字化转型首先从"产品"开始。20世纪90年代至今，道琼斯通讯社的产品经历了从"转移到线上"到"培养于数字"的深层次转向，并始终强调基于资讯与数据研发服务产品的重要性。

道琼斯通讯社将技术应用与需求发现作为改革的核心要素，通过对用户需求的发现，把握行业发展的可能性，通过对技术的应用，探索创新实现的可能性，先后经历了3个阶段的数字化发展。第一阶段，道琼斯通讯社实现了其资讯产品的电子发布，并将数据库服务逐步从财经数据服务之中分离，形成了一个相对独立的垂直信息服务产品。其代表性数据库产品Factiva成为金融体系基础设施的构成部分之一。第二阶段，道琼斯通讯社进一步将客户的数字化需求纳入产品研发的考量范围之内。在广泛提供数字化产品的基础上，根据不同类型客户的多元需求细分产品用途与服务方向，引入算法与大数据技术并根据客户个性化需求将特定内容打包投放于相应的服务产品中，开发出如道琼斯

实时日历、道琼斯财富管理等多种类定向服务产品。第三阶段，道琼斯通讯社在进一步优化产品质量的同时也引入了移动互联网思维，以多终端服务提升用户，增强用户黏性。目前，道琼斯通讯社仍在不断尝试引用自动生成程序、传感器等智能化技术对产品服务进行升级，以强化产品和服务的专业性、精准性和易得性。

（二）生产数字化：自动化逻辑下的生产方式重塑

道琼斯通讯社通过重塑生产流程与重构生产团队完成了生产板块的数字化变革。针对生产领域，道琼斯通讯社以"集中、高效"为核心理念，分别从生产环节及生产团队两方面开展数字化转型。生产环节层面，道琼斯通讯社引入大数据、自动抓取及机器人成稿技术，在提升稿件生产的精确性、时效性的同时也降低了资讯生产的人力成本。基于此，道琼斯通讯社削减了传统初级新闻采编人员岗位，大幅增加数字化内容生产岗位，引进全媒体人才。随着数字化程度的加深，道琼斯通讯社将人力资源的结构逐渐向深度分析、核心报道、客户需求勘探与关系维护等方面倾斜，重构生产团队，并增加包括社交媒体服务、读者数据分析在内的数字媒体岗位。

此外，道琼斯通讯社还建立了数字时代新闻编辑室的新型集中化生产模式。道琼斯在内部实行资源共享策略，并对旗下新闻出版部门进行重组，将道琼斯通讯社、《华尔街日报》新闻编辑部门职能、岗位及管理人员进行整合，打造起道琼斯的生产中枢，设立了专为数字时代构建的总新闻编辑室，由新闻主编统筹生产流程环节各项任务；总新闻编辑室内分工明确，负责环节清晰，通过此种集成与分配手段，道琼斯实现了统一化管理并避免了重复且冗余的生产任务。道琼斯通讯社在道琼斯集团的整体框架下对生产模式的调整是基于数字逻辑的、突破通讯社组织边界的一次成功实践。

2019 年 5 月，道琼斯通讯社启动了新一轮新闻编辑室创新战略，主要包括增设职位和设立专门工作组两方面。新增的职位包括技术开发、设计师、产品经理、数据专家等，设立的工作组的主攻方向分别为青年受众、会员参与、编辑部创新、用户数据和产品研发 5 方面。这也表明，未来的道琼斯将在继续坚守传统核心业务的同时，面向新的领域、年轻群体进行业务拓展，加强新闻编辑室的创新和工具研发。而所有的新业务开拓都将以对用户的深度分析作为基础。

（三）平台数字化：平台化理念下的内外部协同联动

互联网时代同时也是平台化时代。互联网作为面向全球、全行业的非专用性平台，其价值随着用户数量的增加而持续增加。而其他的产业和行业也因为和互联网的结合而具有了互联网的特征、分享了平台发展的红利，对通讯社而言亦是如此。互联网为道琼斯通讯社提供了直接接触个人用户的平台，为遍布全球的分支机构和派驻记者的沟通联系、日常管理、内容生产提供了平台，同时也为其获得全球各大金融市场的实时资讯和遍及全球的用户开展信息服务提供了平台。因此，无论是机构运行、内容生产还是客户服务，互联网的平台化运作逻辑已经深刻嵌入到道琼斯通讯社生存发展的每一个环节之中。

受此影响，平台化的理念也被融入到道琼斯通讯社对内的运行模式调整、产品研发和对外的协同合作之中。例如，在内部运营方面，道琼斯通讯社与《华尔街日报》的编辑部实现整合，形成道琼斯公司内部的集成编辑平台；在产品设计方面，通过 Factiva 平台，融合了新闻资讯、金融数据、深度分析、档案查询、数据库、分析工具、可视化呈现等多种产品和服务体系，使之成为能够满足不同类型客户需求的数据服务集成平台；在对外合作方面，与路透社、彭博社等具有同类业务的通讯社合作，通过平台互联、资源互享的方式在更大范围内探索协作平台的搭建和运行方式。

道琼斯通讯社借助技术工具提高对平台的运营和管理能力。例如，2019年，道琼斯风险与合规部推出了用于不良媒体筛选的高级解决方案，将使金融机构能够进行实时、自动化的风险筛选和监控。该方案基于数据智能平台公司 Ripjar 提供的 AI 技术支持，对道琼斯数据库内的结构化风险数据和道琼斯 Factiva 内 17000 多个许可来源的新闻报道进行监控，同时实现对不良媒体来源和可能为用户带来名誉损坏等负面影响新闻信息的识别。

二、道琼斯通讯社发展战略与未来规划

总体来看，道琼斯通讯社将延续企业百年文化传统，以"协作、创新"作为指导思想制订未来发展规划，并将新技术的应用、数字化新思维的导入作为企业发展的重要战略进行部署。

从协作理念出发，在道琼斯数字化转型阶段，打造道琼斯品牌旗舰实现内部资源共享是道琼斯保持自身竞争力的重要途径。但处于瞬息万变的信息世界，道琼斯在公司内部及公司外部广泛范围内资源共享这一做法既为其带来了竞争力优势，也使得道琼斯通讯社陷入了版权危机。针对这一问题，道琼斯通讯社发布风险合规白皮书❶，将加强数据分发过程中的版权维护作为未来发展的重要内容，以保护公司及客户的权益。目前，大多数通讯社为第三方供应商提供获取资源途径，而第三方却不在通讯社的管辖范围内，这进一步增加了数据传输中的违规风险。在金融领域，为满足不断增长的监管要求，合规成本不断提高，而道琼斯方面认为不断投入合规成本并不一定是最优的解决方案，优化合规支出，在初始阶段正确预设多个阶段检查许可证的合规性，在整个项目

❶ Dow Jones. The Good and the Bad of Collaboration：Copyright pitfalls of information sharing[EB/OL].（2020-01-23）[2020-11-01]. https：//visit.dowjones.com/factiva/read/collaboration.

生命周期中减少版权侵害似乎是更加可行的方案。道琼斯通讯社提出未来将从 3 方面着手，加强版权保护的力度。

（1）形成清单，定义常见版权问题区域，对可能发生的合规问题加以关注；

（2）在内部和外部使用权威信源，引用事实而非观点；

（3）加强法律部门参与，增强各环节协作，保持警惕。

随着新技术、新服务和产品以及全球商业模式的不断发展，道琼斯通讯社计划通过合规、高级管理层和监管机构的共同努力，以有效识别、升级和应对风险。

在创新层面，道琼斯通讯社预计将人力投入转向、服务升级及引入智能技术作为智能时代发展的三大着力方向。

人力投入转向层面，道琼斯通讯社计划加深数字化进程，实现人员节流，将人员配置的重点转向客户发掘。随着智能技术被引入至数据采集及分发领域，道琼斯通讯社重新定义"人类"价值，规划进一步将人力从生产流程中解放，转而投入至分析及勘探客户领域，对客户需求进行深度解释与匹配，提升产品的个性化程度与同具体客户的适配度。

服务升级层面，金融业整体服务发生数字化转向，主要分为两种途径：一是数据驱动的客户产品升级与研发；二是技术驱动的应用程序升级与研发。针对未来服务升级，道琼斯通讯社计划通过专注提升客户体验从而获得相应竞争优势。针对目前已有的客户，道琼斯通讯社计划通过用户赋权，超越以往静态数字数据的呈现方式，向用户提供动态的数据链条，增强平台、网站和程序互动可视化、即用化，向用户展现直观的数字平台，打造多渠道、多终端互动，提高其参与感和体验感 ❶；针对未来客户开发，道琼斯通讯社计划瞄准未来强

---

❶ Dow Jones. Designing the Digital Wealth Management Client Experience [EB/OL]. （2018-01-23）[2020-11-01]. https：//visit.dowjones.com/newswires/read/celent-digital-wealth-management.

有力的客户团体"千禧一代"❶。考虑到他们在隐私理念与信息共享方面价值观的转变，道琼斯通讯社将推出更具针对性的信息服务，并进一步细化分众服务，完善细分模型，将不同人生阶段的财务需求和目标纳入考虑范围，开发出新型财经产品。具体来说，通讯社计划通过游戏化工具、社交媒体作为营销工具吸引新一代客户的注意力，进一步借助数据分析和人工智能了解客户的需求和投资行为，开发出能够保障公开度和透明度的"千禧一代产品"。

平台的升级层面，道琼斯计划开放全渠道、全时访问权限，采用单点触摸与生物特征登录技术手段进一步升级其技术界面，并简化导航布局、整合社交媒体同时将聊天机器人功能嵌入平台，实现平台智能化改造。

技术创新层面，替代数据成为道琼斯通讯社下一步的主要发力方向。替代数据是投资者在公司自身提供的传统数据资源之外所使用的信息，替代数据形式多元，既可以包括社交媒体帖子，也可以是卫星图像和新闻及财务报告等。通常，新闻报道是客户掌握最新动态的一种常用方式。对于对冲基金而言，新闻可以代表替代数据的关键子集，可以使金融专业人士获得投资优势或帮助优化公司投资组合中的资产配置。道琼斯人工智能及机器负责人詹姆斯·贝尔（James Bell）就替代数据以及评估数据集发表意见称，道琼斯通讯社可在其中发现新增长点以推动收入增长，并肯定其在金融领域内的价值与优势，提出将进一步引入人工智能技术于替代数据之中挖掘道琼斯在金融服务市场中的下一个增长点。❷

---

❶ Dow Jones. Millennial Investors：Rewriting the Narrative [EB/OL].（2020-10-22）[2020-11-01]. https：//visit.dowjones.com/newswires/read/rewriting-the-narrative.

❷ Dow Jones. Alternative Data：Application and Best Practices for Investment Management Firms [EB/OL].（2019-12-07）[2020-11-1]. https：//visit.dowjones.com/newswires/read/ateam-alt-data.

道琼斯通讯社数字化发展大事记

1990 年，道琼斯通讯社推出 DowVision；

1990 年，道琼斯收购 Telerate 的外汇业务；

1993 年，道琼斯推出了亚洲商业新闻（ABN）；

1994 年，道琼斯将 SportsTicker 企业 80％的股份出售给了体育网络 ESPN；

1995 年，道琼斯推出欧洲商业新闻（EBN）；

1996 年，道琼斯新闻服务 Broadtape 更名为道琼斯新闻社；

1996 年，道琼斯与 ITT Corp. 合作宣布购买纽约电视台的计划；

1997 年，道琼斯通讯社启动商业与体育相结合的渠道，命名为"WBIS +"；

1998 年，道琼斯通讯社与 NBC 建立了合作伙伴关系，旨在合并两家公司在欧洲和亚洲的电视新闻服务；

1998 年，路透社与道琼斯公司签署一项协议，该协议将大大提高道琼斯通讯社在全球金融市场上对路透社客户的可用性；

1999 年，道琼斯通讯社与路透集团商业信息简报合资成立在线数据库 Factiva；

1999 年，路透社与道琼斯组建道琼斯—路透交互式商业公司，用 20 多种语言提供来自《华尔街日报》、道琼斯公司和路透社新闻网讯息；

1999 年，道琼斯金融出版公司被出售给 Wicks 商业信息有限公司；

2000 年，道琼斯与 Excite @ Home 成立合资企业，创建了 Work.com；

2001 年，道琼斯通讯社和香港东方报业集团有限公司联合推出中文财经服务；

2005 年，推出道琼斯 CommentaryPlus；

2006年，道琼斯正式收购Factiva；

2007年，道琼斯被全球化的媒体公司新闻集团收购；

2008年，道琼斯通讯社推出西班牙语、荷兰语和阿拉伯语的新本地语言产品；

2009年，道琼斯地方媒体集团推出日语网站；

2010年，道琼斯通过其指数部门对芝商所（CME Group）运营的合资企业做出贡献，加强了对核心新闻和信息业务的关注；

2011年，道琼斯通讯社和《华尔街日报》共同开发DJ FX Trader；

2015年，HRoot与Factiva就《人力资本管理》杂志达成版权合作；

2015年，美国新闻集团对道琼斯新闻出版部门进行重组，对道琼斯通讯社、《华尔街日报》在内的新闻机构进行大规模的裁员；

2015年，道琼斯通讯社与Symphony合作为其提供新闻内容服务；

2017年，道琼斯在安全协作与工作流程平台Symphony上推出改进版新闻应用程序；

2019年，道琼斯通讯社与彭博社达成合作，彭博社终端订户可访问道琼斯新闻内容；

2020年，道琼斯与AWS合作，在AWS Data Exchange云端上投放道琼斯通讯社五年内的英语新闻存档；

2020年，道琼斯通讯社于锐思数据联合为中国高等院校打造国际财经资讯数据库平台；

2020年，道琼斯通讯社服务于ATFX平台上线。

主要参考文献

中文文献

［1］陈峰．遍布全球的信息采集网——新华社驻外机构的建设和发展［J］．中国记者，2001（6）．

［2］陈明祥．新华社通讯技术的回顾与展望［J］．中国传媒科技，2004（7）．

［3］法新社编辑标准与最优操作手册［J］．新闻记者，2016（6）：70-86.

［4］傅丕毅，徐常亮，陈毅华．"大数据＋人工智能"的新闻生产和分发平台——新华社"媒体大脑"的主要功能和AI时代的新闻愿景［J］．中国记者，2018（3）：17-20.

［5］哈罗德·伊尼斯．帝国与传播［M］．何道宽，译．北京：中国人民大学出版社，2004.

［6］黄诗龙，项杰．"大数据"点亮人力资源管理系统的"大智慧"——结合新华社人力资源大数据实践探析［J］．中国传媒科技，2013（23）：76-78.

［7］克里斯廷·L.博格曼．从古腾堡到全球信息基础设施：网络世界中信息的获取［M］．肖永英，译．北京：中信出版社，2003.

［8］凯文·凯利.技术元素［M］.张行舟，余倩，等译.北京：电子工业出版社，2012：10.

［9］李彬.全球新闻传播史（1500—2000年）［M］.北京：清华大学出版社，2005.

［10］刘畅，张羽.三大国际通讯社的所有制结构，产品输出及面临问题初探［J］.新闻知识，2008（1）：69-71.

［11］陆小华.传媒运行模式变革［M］.北京：新华出版社，2004：148.

［12］李瑛.路透社：不断发展的世界性通讯社［J］.新闻界，2005（4）：69-70.

［13］米华.AI驱动下智能化新闻战略研究——以美联社的智能化新闻实践为例［J］.编辑之友，2018（7）：104-107.

［14］唐润华，吴长伟，文建.传播能力再造：新媒体时代的世界性通讯社［M］.合肥：安徽大学出版社，2012.

［15］唐润华.西方三大通讯社如何应对互联网带来的挑战与机遇［J］.国际新闻界，2001（6）：30-35.

［16］王润珏，朱玲莉.世界性通讯社数字化转型路径探析：法新社［J］.现代视听，2020（7）：78-83.

［17］徐坤明.不结盟国家通讯社联盟［J］.新闻记者，1986（7）：44.

［18］约翰·霍恩伯格.西方新闻界的竞争［M］.魏国强，陈进军，等译.北京：新华出版社，1985.

［19］于尊成，于恩光.坦诚合作精神常在——亚洲太平洋通讯社组织大会记事［J］.新闻业务，1985（6）：37-39.

［20］张含之，刘艳红.一份报纸和它的指数——道琼斯公司核心业务发展简史［J］.出版广角，2006（11）：76-77.

英文文献

［1］Boyd-Barrett O, Boyce G. The international news agencies[M]. London: Constable, 1980.

［2］Boyd-Barrett O. Globalizing the national news agency[J]. Journalism Studies, 2003, 4（3）: 371-385.

［3］Cavanagh K. Freeing the Pan-African news agency[J]. The Journal of Modern African Studies, 1989, 27（2）: 353-365.

［4］Chadwick A. The hybrid media system: Politics and power[M]. Oxford: Oxford University Press, 2017.

［5］Dave Shumaker. Information Industry Leaders: An Interview With Thomson Reuters' Brian Peccarelli[J]. Information Today, 2020, 37（1）.

［6］Ducatel K, Webster J, Herrmann W, et al. The information society in Europe: Work and life in an age of globalization[M]. London: Rowman & Littlefield, 2000.

［7］Huxley M. Spatial rationalities: order, environment, evolution and government[J]. Social & Cultural Geography, 2006, 7（5）: 771-787.

［8］Huxley M. Space and government: Governmentality and geography[J]. Geography Compass, 2008, 2（5）: 1635-1658.

［9］Jessop B. From micro-powers to governmentality: Foucault's work on statehood, state formation, statecraft and state power[J]. Political Geography, 2007（26）: 34-40.

［10］Johnston J, Forde S. The silent partner: News agencies and 21st century news[J]. International Journal of Communication, 2011（5）: 20.

［11］Paterson C. News agency dominance in international news on the internet[M]. Converging Media, Diverging Politics. Lanham, MD: Lexington Books, 2005: 145–163.

［12］Paterson C. International news on the internet: Why more is less[J]. Ethical Space: The International Journal of Communication Ethics, 2007，4（1）：57–66.

［13］Rantanen T. The globalization of electronic news in the 19th century[J]. Media, Culture & Society, 1997，19（4）：605–620.

［14］Van Dijck J, Poell T, De Waal M. The platform society: Public values in a connective world[M]. Oxford: Oxford University Press, 2018.

［15］Xin X. How the market is changing China's news: the case of Xinhua News Agency[M]. Lexington: Lexington Books, 2012.

后 记

2019 年 11 月，新华社成为"媒体融合生产技术与系统国家重点实验室"的依托单位。这表明，在迈向媒介深度融合的新阶段，作为我国国家传播体系的核心构成部分，新华社在实现信息采集、舆论引导、国际传播、参与全球信息治理等国家级通讯社功能的同时，还要成为我国媒体融合的重要科技创新基地。全球范围内，通讯社特别是世界性通讯社在资讯业，以及更加广泛的信息服务领域中的基础性地位日益凸显，数字化时代开展通讯社研究的迫切性也随之显现。

本书选取 7 家具有代表性的世界性通讯社，重点报告其数字化时代的发展历程、产品和服务体系，从中提炼出具有代表性的数字化转型路径与策略，以期为国内的通讯社发展和通讯社研究提供参考。本书的另一个写作目标是为后续通讯社研究提供丰富的案例素材。因此，来源于研究对象官方网站、年报、财报、档案库、社交媒体官方账号的一手资料是本书写作的主要依据。前期的资料搜集、编译和初稿写作的分工为王夕冉（新华社、埃菲社）、朱玲莉（法新社、德新社）、张帆（美联社、道琼斯通讯社）、李傲（路透社），王润珏负责全书统筹及资料查证、资料补充和后期书稿写作等工作。

感谢所有团队成员的辛勤付出。多语种资料的查询、搜集、阅读、翻译、分析涉及内容之庞杂、工作之辛劳，不待言说。特别是新冠疫情期间，大家克服重重困难，通过远程会议、邮件调研等方式反复求证、探讨，保证了研究的按期完成。

感谢知识产权出版社李石华老师的大力支持。本书的顺利出版离不开李老师从选题、写作到修订、出版的过程中为我们提供的专业指导和建议。

本书前期搜集的资料涉及英、法、德、西等多个语种，覆盖财务、技术、金融等多个领域，囿于作者能力，近百万言的素材处理过程中难免存在疏漏，恳请诸君指正。

王润珏

2020 年 11 月 10 日　　北京